Adeline Klam

JAPANISCHE PAPIERKUNST

32 einfache und beeindruckende Projekte

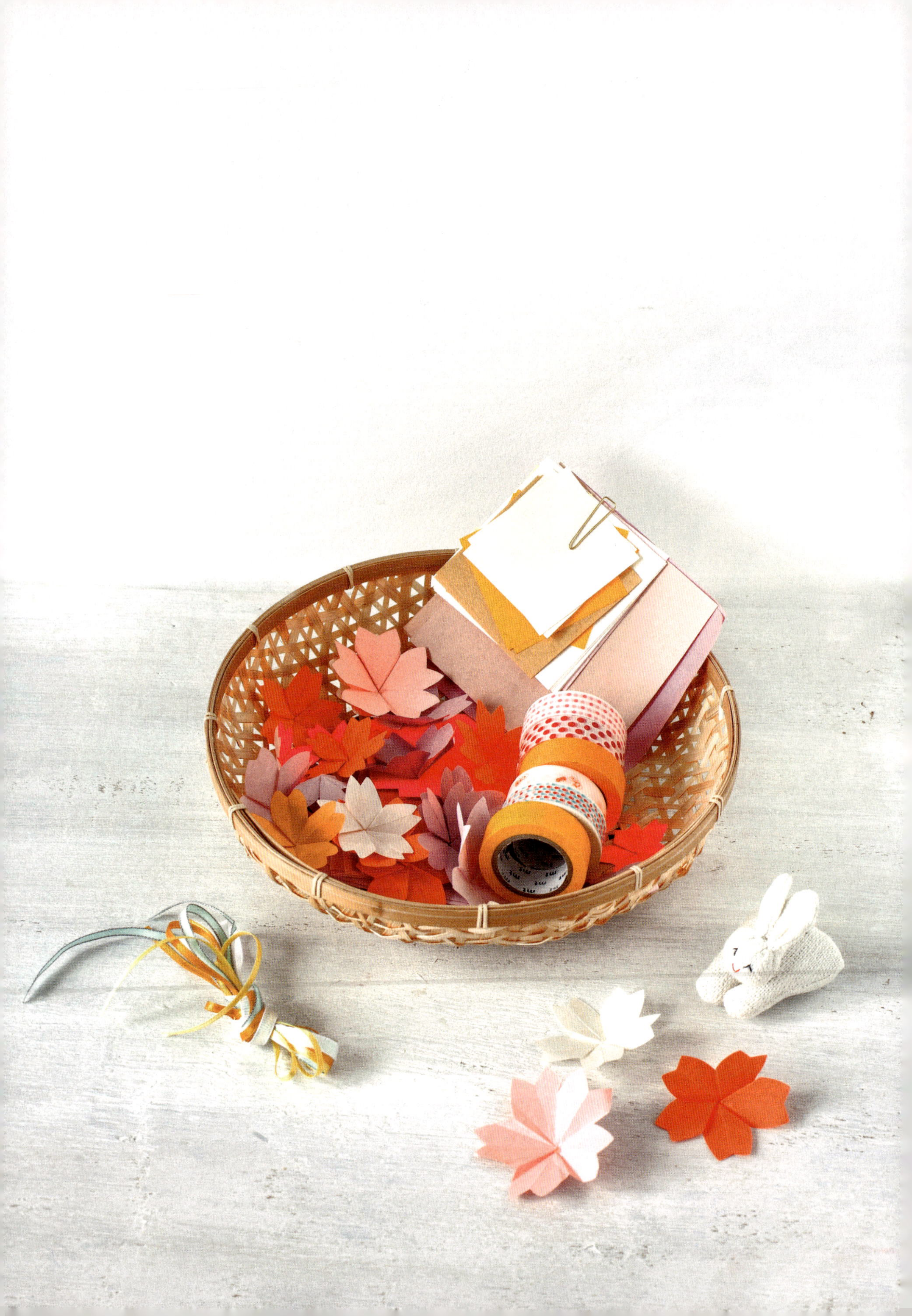

EINLEITUNG

Ich weiß noch gut, wie viel Spaß es mir schon als Kind gemacht hat, Dinge aus Papier herzustellen, Girlanden zu binden, Formen auszuschneiden, um kleine Geschenke zu verzieren, oder aus Papierresten und ein paar Gummibärchen hübsche Grußkarten zu erschaffen. Dieses Faible fürs Gestalten ist mir bis heute geblieben, und ich kreiere immer noch Schönes aus Papier – zu meinem Vergnügen und nun hoffentlich auch bald zu deinem. Ich freue mich riesig darüber, dass dieses Buch nun entstanden ist, und denke mit Rührung an meinen zehnten Geburtstag zurück. Ich hätte mir damals nichts Besseres wünschen und vorstellen können als dieses Buch, das thematisiert, was mir so viel Spaß bereitet: diese kleinen Momente voller Überraschungen, die Freude am Schenken und am Etwas-geschenkt-Bekommen, das Spiel mit den Farben und Texturen, um etwas zu kreieren, zu experimentieren und zu träumen ... und das Glück, den kreativen Prozess mit anderen zu teilen.

INHALT

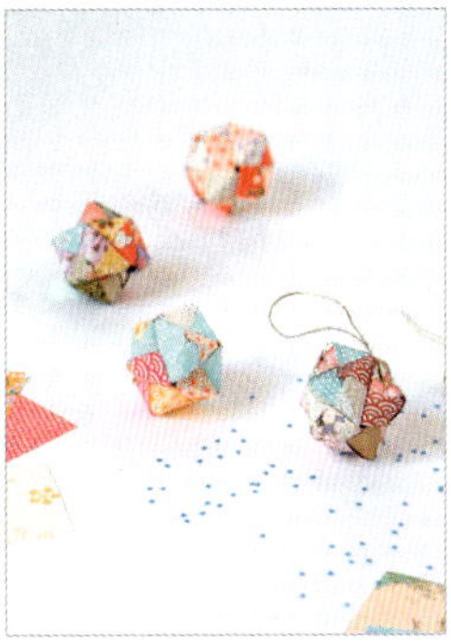

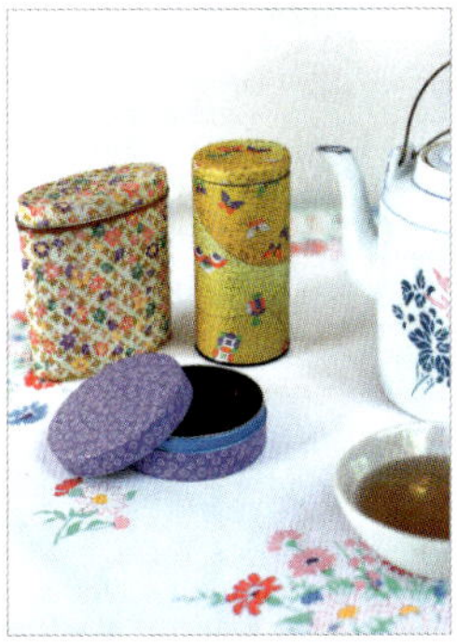

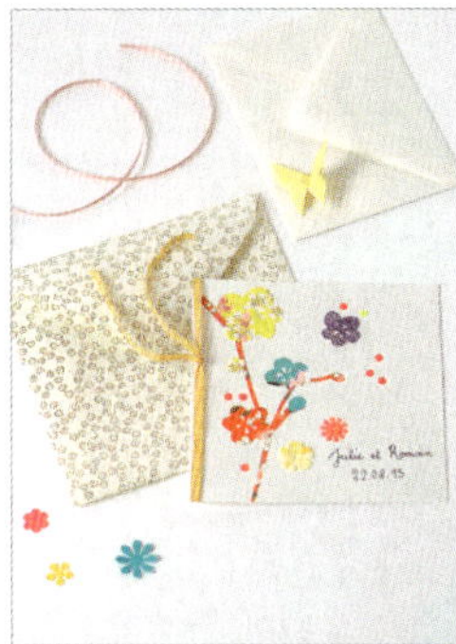

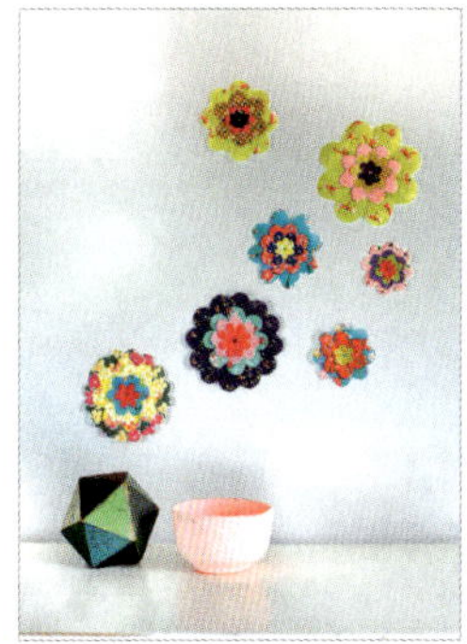

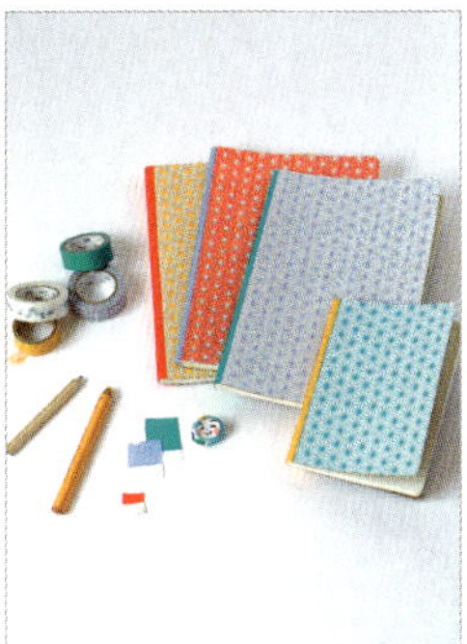

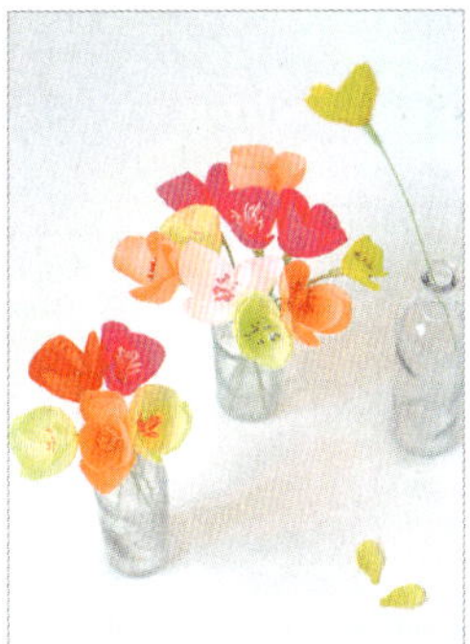

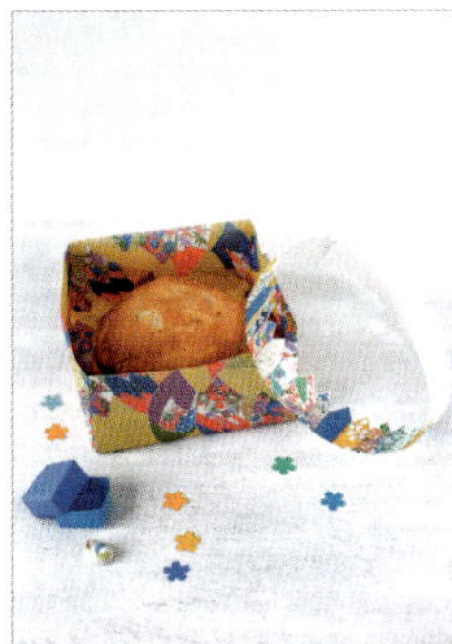

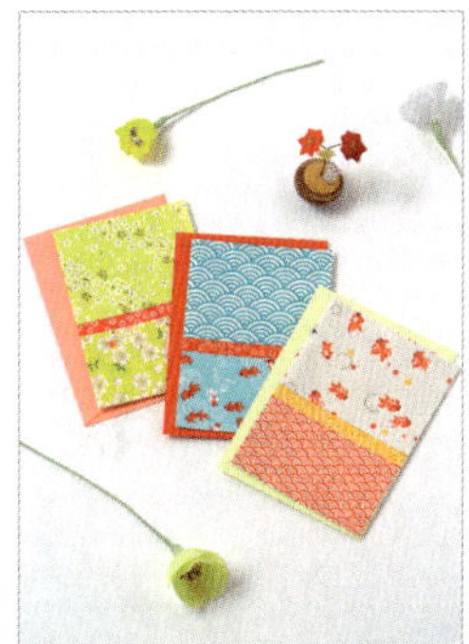

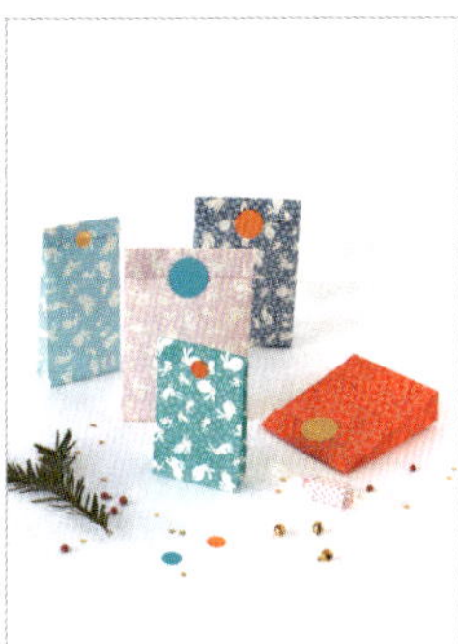

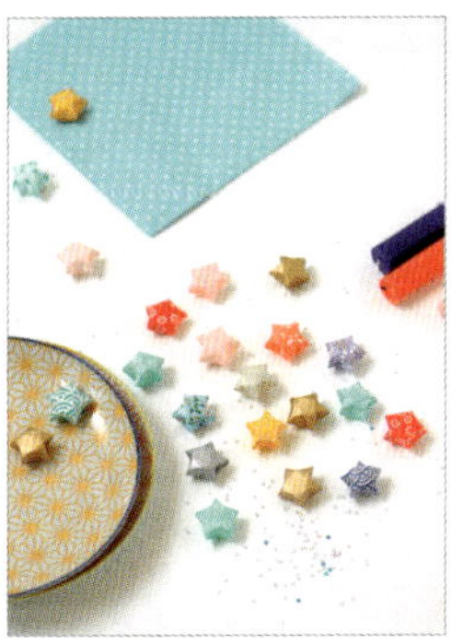

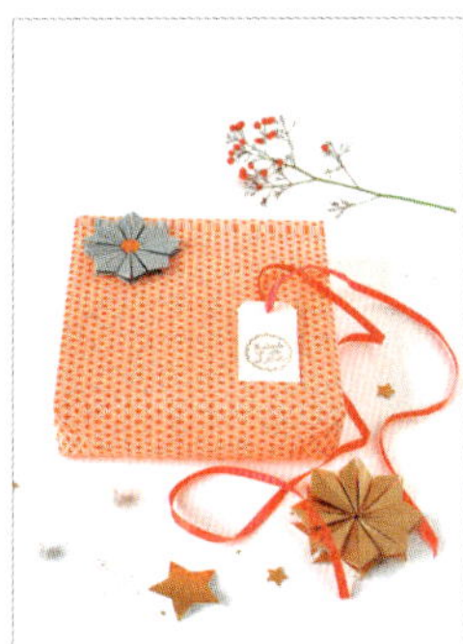

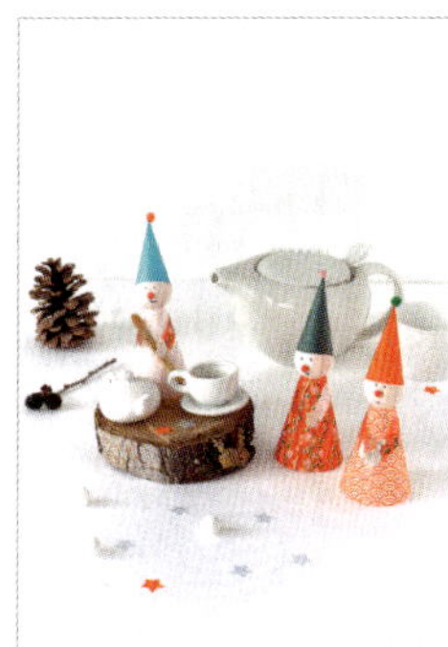

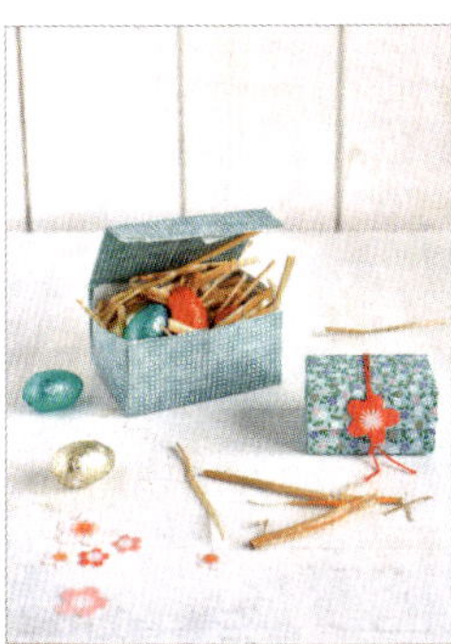

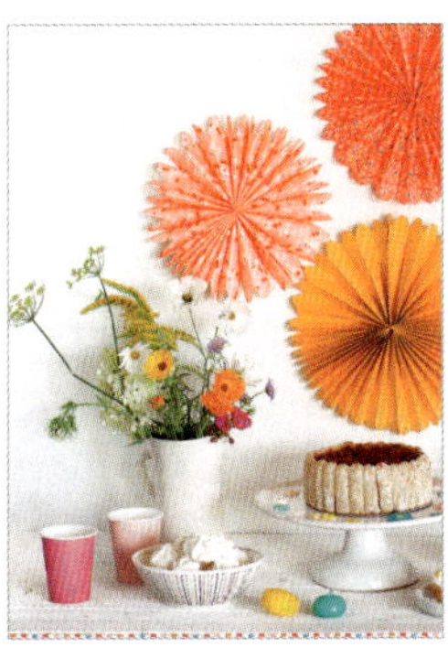

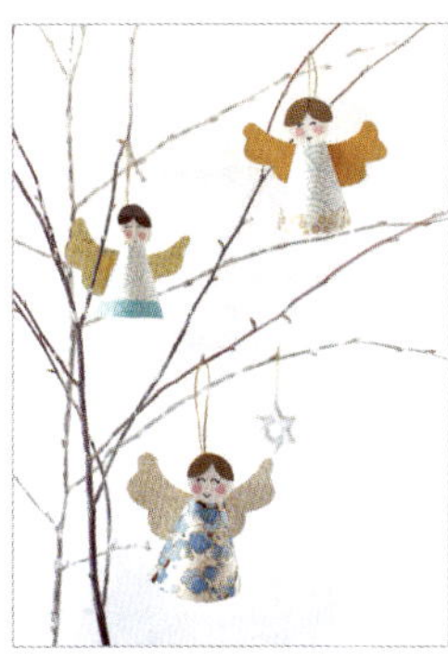

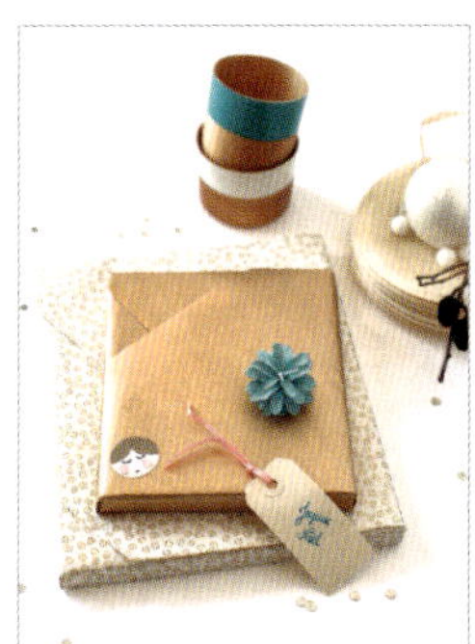

GRUNDAUSSTATTUNG

MATERIALIEN

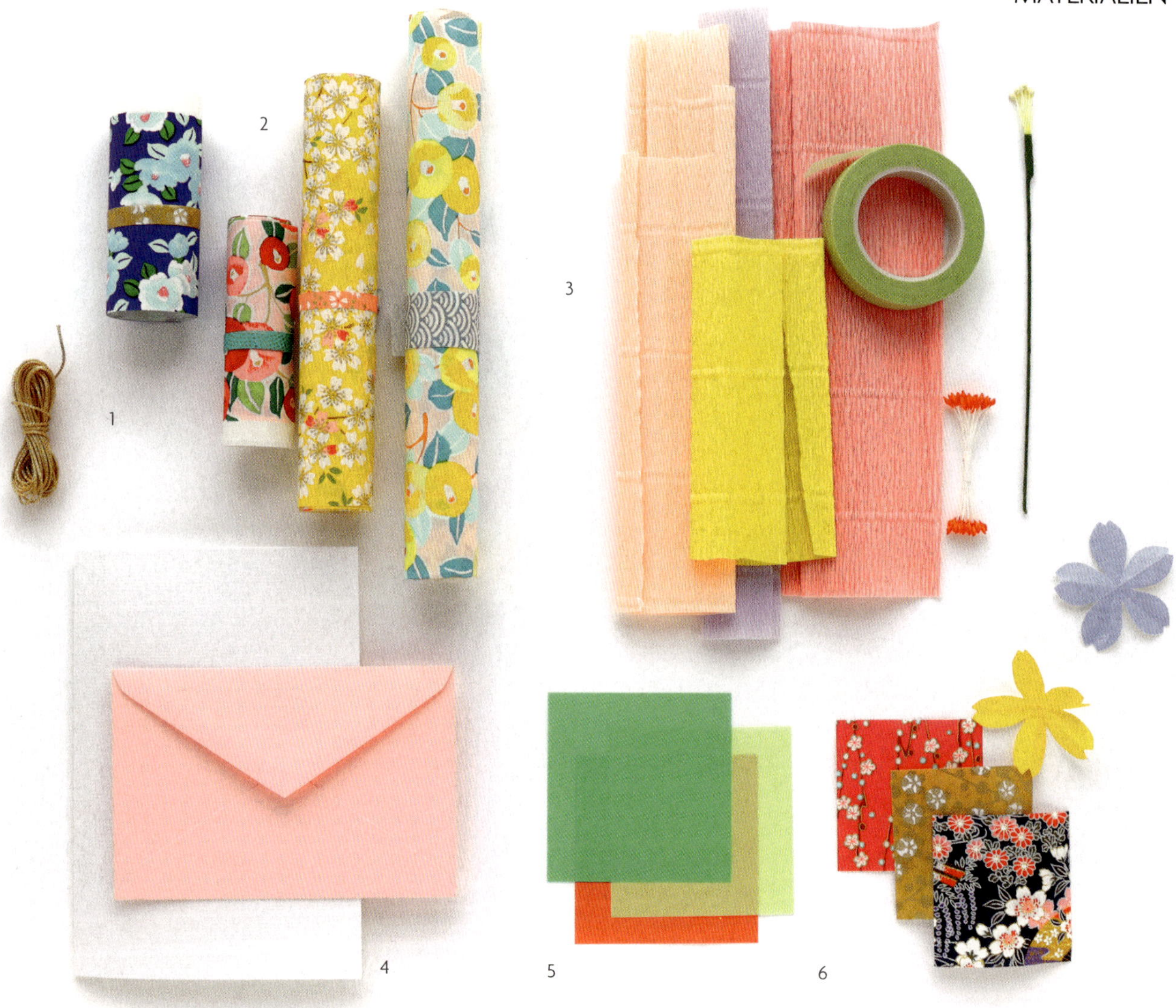

1 Hübsches aus dem Nähbedarf: farbiges Baumwollgarn und dekorative Bänder, um die Kreationen zu verschließen, aufzuhängen und zu dekorieren.

2 Japanische Papiere mit verschiedenen Farben und Mustern.

3 Krepppapier in verschiedenen Formaten und Farben, Washi-Klebeband, Blütenstempel und Blumendraht oder dünne Metallstäbe.

4 Umschläge, Karten und Seidenpapier in verschiedenen Formaten und unterschiedlichen Farben.

5 Quadrate aus einfarbigem Origamipapier.

6 Quadrate aus gemustertem Origamipapier.

7 Schneidematte, um die Arbeitsfläche zu schützen. Wer keine hat, kann einen großen Karton verwenden.

8 Patchwork-Schneidelineal: Dieses Werkzeug ist ein sehr praktisches Hilfsmittel, um schnell und akkurat Origami-Quadrate zurechtzuschneiden oder um Winkel und Parallelen zu schneiden. Die auf dem Lineal eingezeichneten Linien helfen einem, sich zu orientieren und zu schneiden, ohne Bleistift oder Geodreieck verwenden zu müssen.

9 Formstanzer für Papier: Schmetterlinge, Blumen, Kreise, Sterne, Herzen ... Lege dir eine kleine Sammlung zu, denn mit ihnen sind die Formen im Nu hergestellt. Alternativ kannst du die Formen aber aber auch mit Zirkel oder Geodreieck vorzeichnen und dann von Hand ausschneiden.

10 Vinylklebstoff: Ideal für alle Arten von Klebearbeiten, er trocknet schnell transparent auf, eignet sich für alle möglichen Materialien und wird bei

WERKZEUGE UND HILFSMITTEL

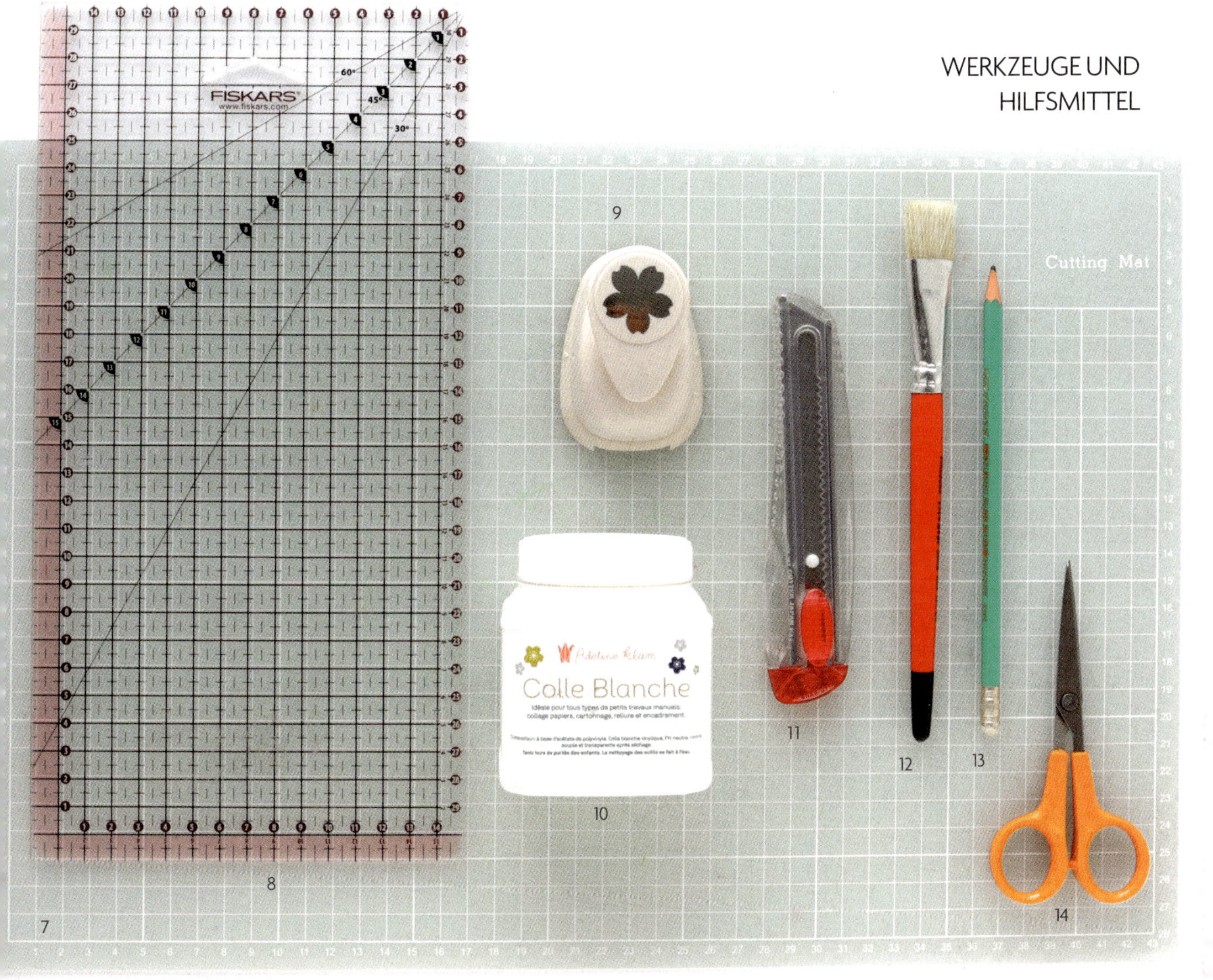

großflächigeren Klebearbeiten wie der Buchbinderei und Rahmung usw. benötigt. Die Pinsel können ganz einfach mit Wasser gereinigt werden. (Der Klebstoff darf auf ihnen aber nicht antrocknen, sonst löst er sich nicht mehr ab, daher die Pinsel nach Gebrauch sofort gründlich reinigen oder zunächst einmal in ein Wasserglas stellen.)

11 Cutter: Das Grundwerkzeug für die Bearbeitung von Papier mit geraden Schnitten. Achte darauf, dass du immer Ersatzklingen zur Hand hast.

12 Pinsel: Zum Auftragen von Vinylklebstoff und Acrylfarbe. (Nach Gebrauch sofort reinigen oder zunächst einmal in ein Wasserglas stellen.)

13 Bleistift mit Radiergummi.

14 Scharfe Papierschere.

15 Acryl- und Bastelfarben.

16 Transfer- oder Transparentpapier, um Vorlagen zu übertragen.

17 Zirkel, um Kreisformen zu zeichnen.

18 Tubenkleber.

19 Lineal, Geodreieck und Maßband.

20 Ösenpresse.

KIRSCHBLÜTENZWEIG

Materialien

- Quadrate aus rosafarbenem und cremefarbenem japanischem Papier in verschiedenen Formaten (6 × 6 cm, 7 × 7 cm, 8 × 8 cm)
- Blütenstempel aus dem Bastelbedarf
- dekorativer Zweig aus dem Garten

Werkzeuge und Hilfsmittel

- Schere
- Zirkel
- Bleistift
- Tubenkleber

1 Lege das Papierquadrat mit der farbigen Seite nach oben auf die Arbeitsfläche und falte die untere Kante über die horizontale Mittelsenkrechte bündig zur oberen Kante.

2–3 Falte die rechte Hälfte des entstandenen Rechtecks gemäß den gestrichelten Linien und entfalte diese Faltung wieder, sodass die Falze markiert sind.

4 Falte die Figur so, dass die linke untere Ecke auf dem Schnittpunkt der zuvor markierten Falze zu liegen kommt.

5 Falte den oberen Teil gemäß der gestrichelten Linie.

6 Falte den rechten Teil gemäß der gestrichelten Linie in der Mitte.

7 Klappe den rechten Teil der Figur gemäß der gestrichelten Linie nach hinten um.

8 Zeichne die Blütenform mit dem Zirkel auf und schneide die Figur gemäß den gestrichelten Linien aus.

9 Entfalte die Blüte.

10 Plustere die Faltung auf, um der Blüte mehr Volumen zu verleihen.

11 Fertige weitere Blüten an und befestige sie zusammen mit Blütenstempeln in der Mitte auf einem dekorativen Zweig.

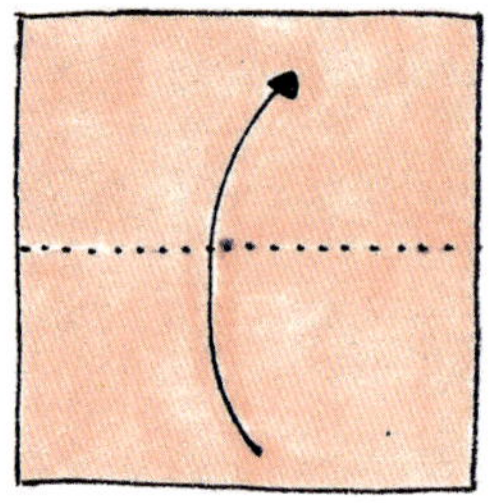
1

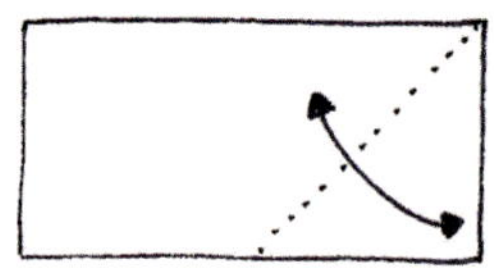
2

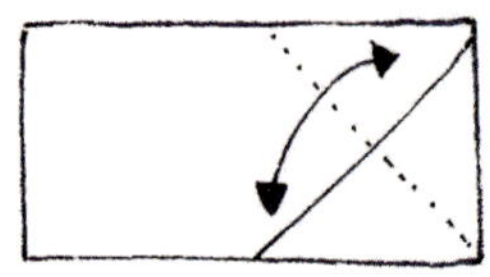
3

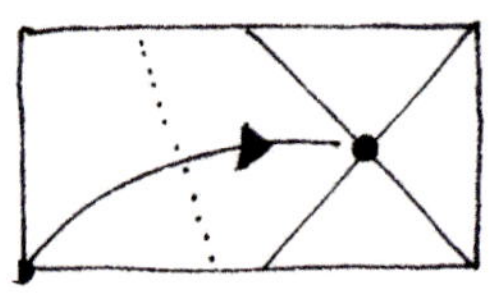
4

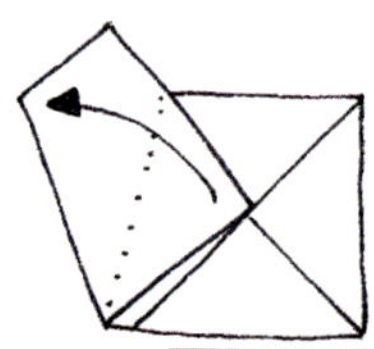
5

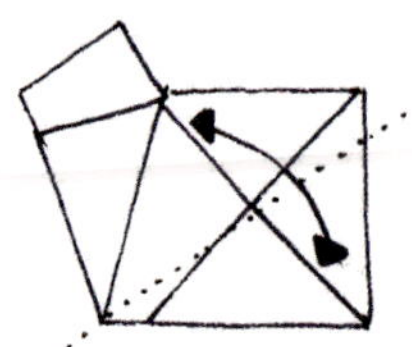
6

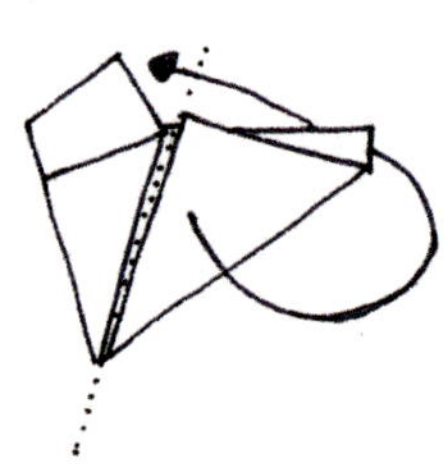
7

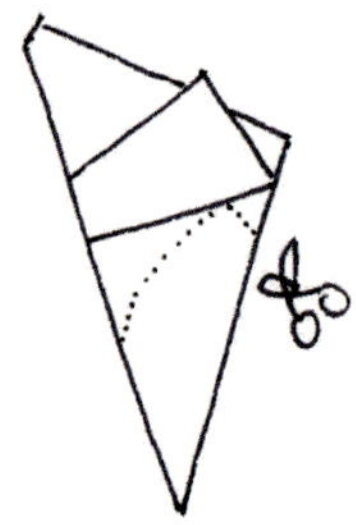
8

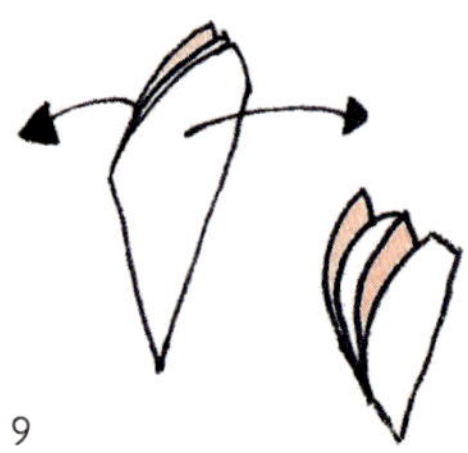
9

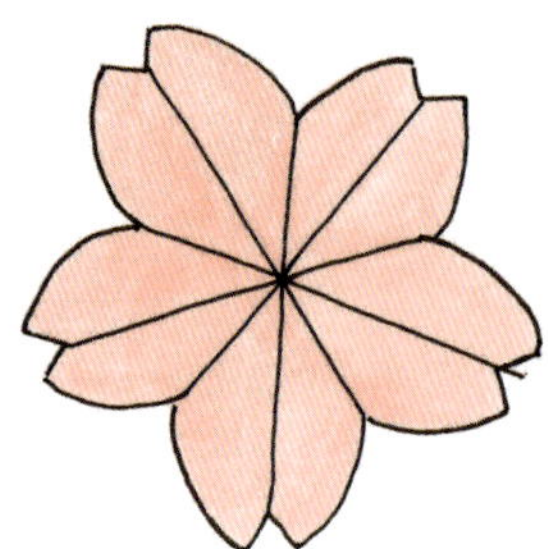
10

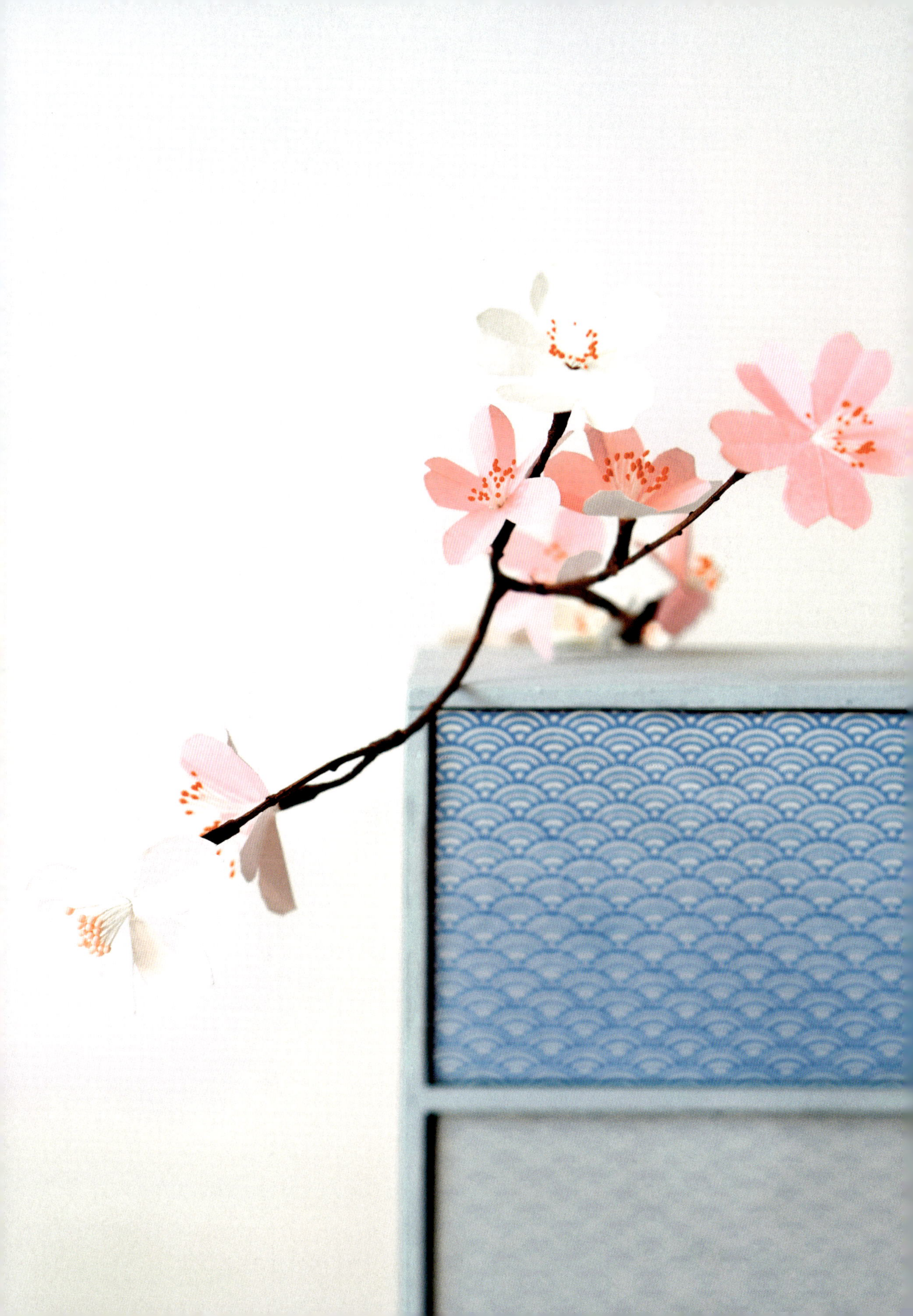

BLÜTENWAND

Materialien

- japanisches Papier in den gewünschten Farben
- weißes und rosafarbenes Krepppapier

Werkzeuge und Hilfsmittel

- Schere
- Zirkel
- Bleistift
- Tubenkleber

1 Für eine erste Blüte zeichne auf dem japanischen Papier mit dem Zirkel drei Kreise mit einem Durchmesser von 2 cm und drei Kreise mit einem Durchmesser von 2,5 cm. Zeichne um den Radius jedes Kreises einen etwas größeren Radius leicht nach oben versetzt, verbinde jeweils die beiden Radien mit zwei kleinen Dreiecken, um einen geschlossenen ovalen Umriss zu erhalten. Schneide die Ovale aus und schneide gemäß der gestrichelten Linie jeweils einen Schlitz in die schmalere Seite ein.

2 Verbinde nun die drei 2,5-cm-Ovale zu einer konkaven Blütenkelchform, indem du sie an den Schlitzen ineinandersteckst. Trage dabei jeweils etwas Klebstoff entlang einer offenen Seite eines ersten Schlitzes auf und klebe die andere offene Seite eines anderen Ovals darüber. Klebe dann die drei 2-cm-Ovale versetzt übereinander in die Blütenkelchform, sodass sie eine weitere Blütenkelchform bilden.

3 Schneide einen rosa Krepppapierstreifen im Format 20 × 1 cm zu, wickele ihn eng um sich selbst zu einer Rolle auf und fixiere die Form mit etwas Kleber. Das ist der Stempel der Blüte.

4 Schneide einen weißen Kreppstreifen mit den Maßen 20 × 2 cm zu und falte ihn in der Mitte, sodass ein 1 cm hoher Streifen entsteht, mit der Faltkante nach unten. Schneide oben etwa 0,2 cm breite Fransen mit einer Tiefe von 0,5 cm ein. Das sind die Staubblätter.

5 Wickele den weißen Fransenstreifen um den rosa Stempel und fixiere alles mit einem Klebepunkt. Klebe die Form ins Zentrum des Blütenkelches.

6 Fertige weitere Blüten an und dekoriere mit ihnen eine Wand in deinem Zuhause. Du kannst die Durchmesser der Kreise auch variieren, um unterschiedlich große Blüten anzufertigen.

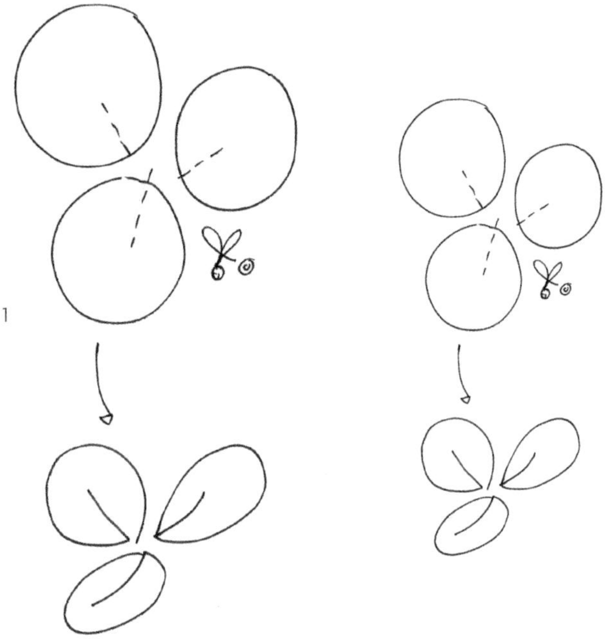

1

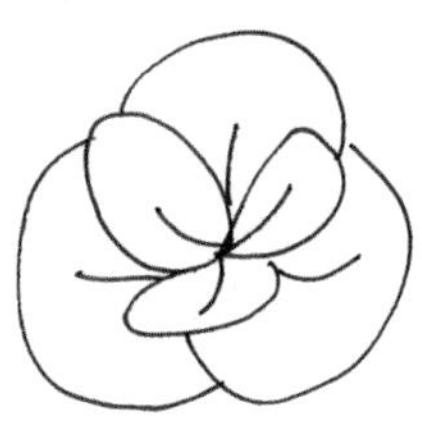

2

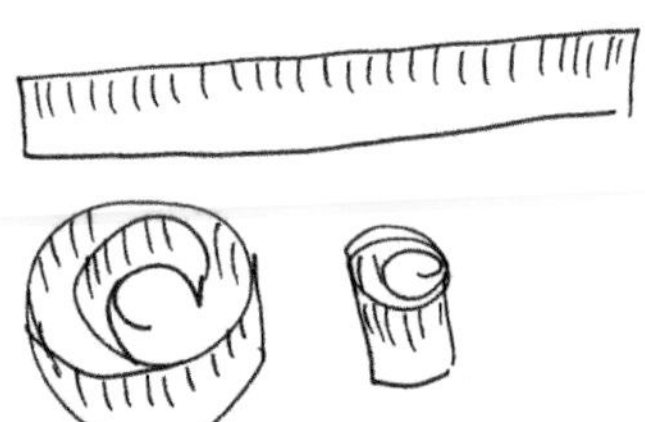

3

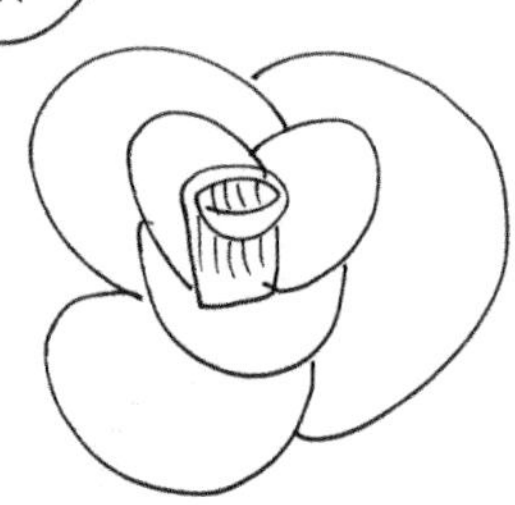

4

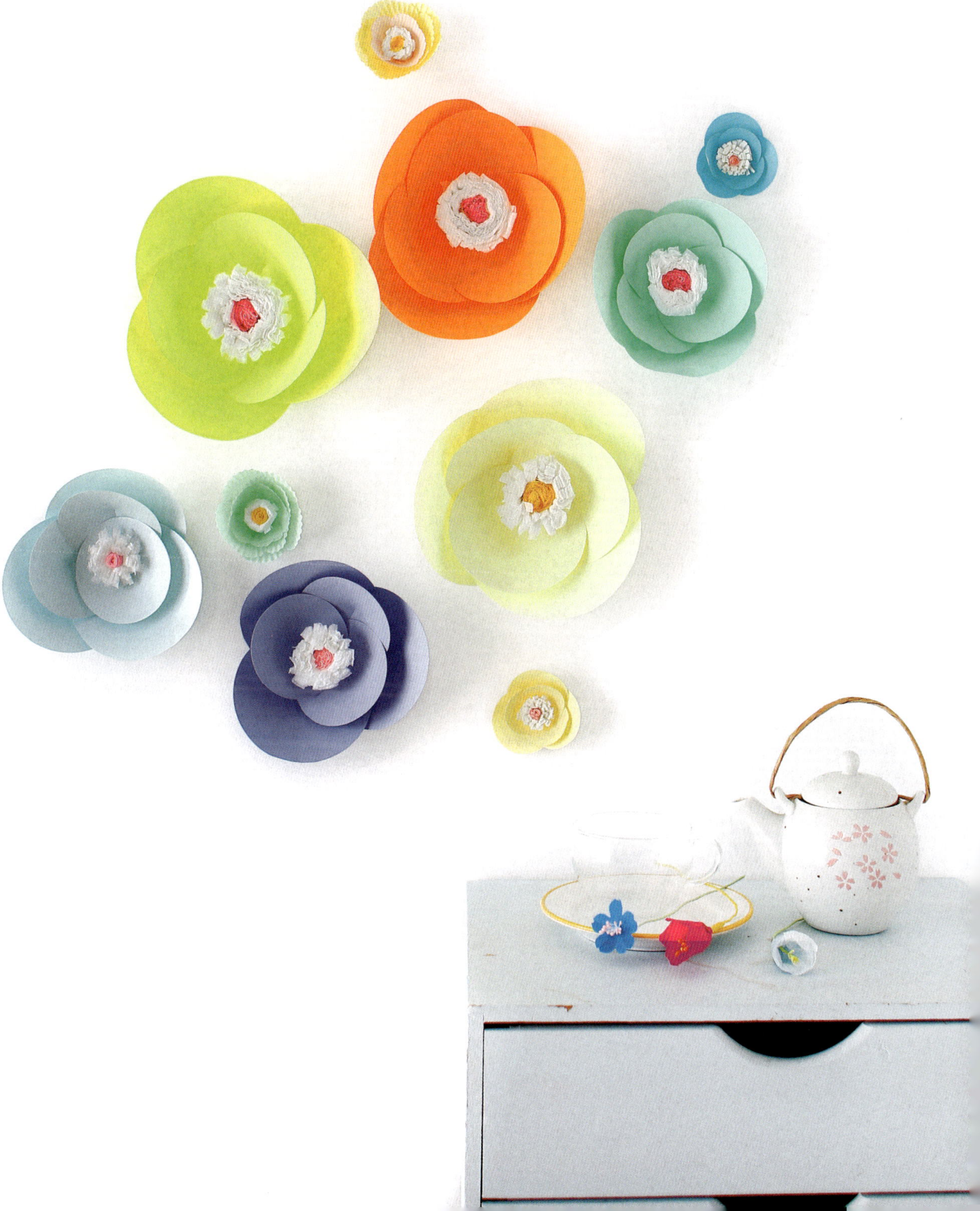

BUNTES WINDLICHT

Materialien

- Reste von japanischem gemustertem oder farbigem Papier
- 1 Streifen weißes Papier (hier 21 × 7 cm groß, passend zu dem verwendeten Glas)
- einfarbiges Washi-Klebeband
- 1 kleines Glas (Typ Joghurtglas)

Werkzeuge und Hilfsmittel

- Schere
- Vinylklebstoff
- Pinsel
- doppelseitiges Klebeband

1 Schneide aus dem japanischen Papier unterschiedlich breite Streifen ab.

2 Klebe diese Streifen mit dem Vinylkleber abwechselnd mit Washi-Tape auf das weiße Papier. Lasse die Collage trocknen.

3 Befestige deine Kreation rund um das Glas mit einem Stück doppelseitigem Klebeband, das am oberen und unteren Rand der Collage bündig abschließt.

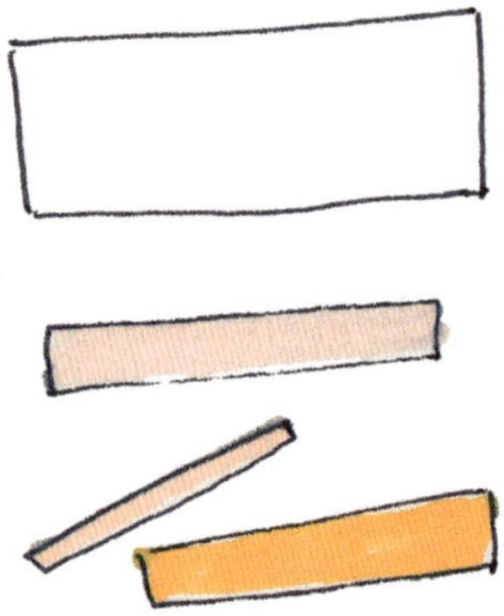

1

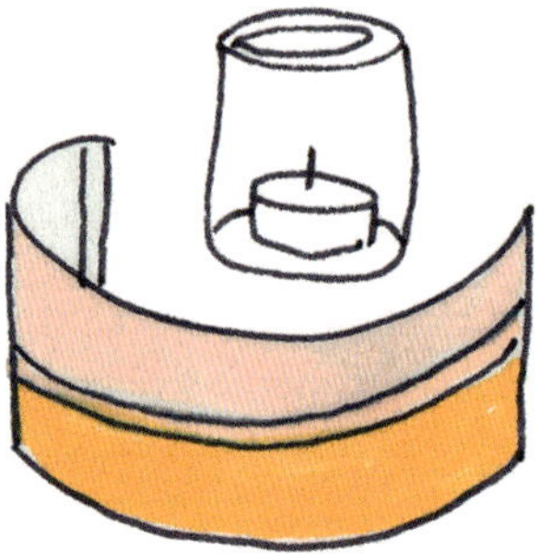

2

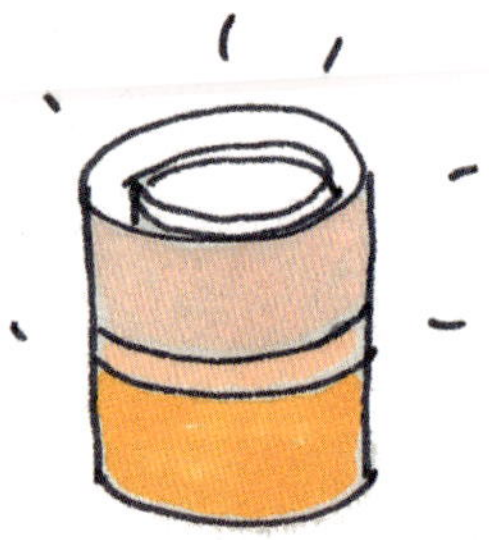

3

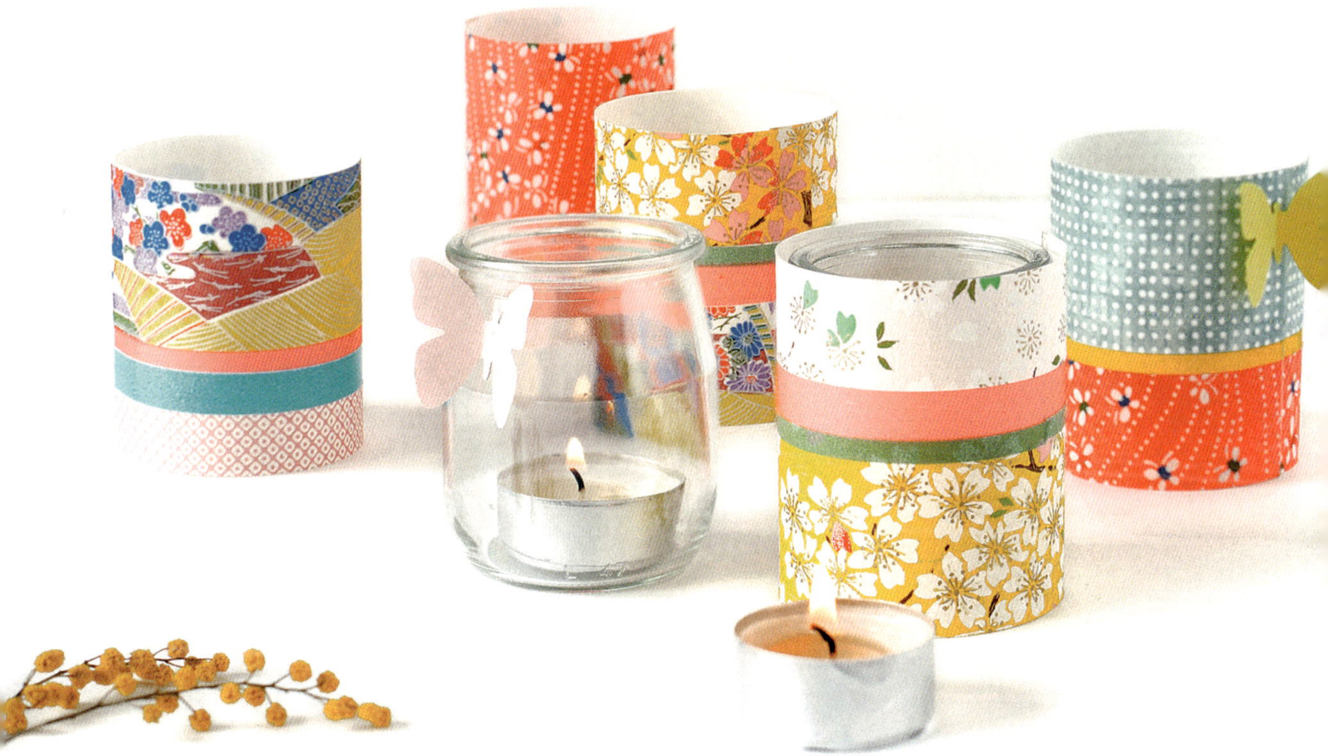

BLÜTENLAMPE

Materialien

- 1 Quadrat Pergamentpapier (55 × 55 cm für einen Lampenschirm mit 20 × 30 cm Durchmesser)
- 1 Lampenfassung mit Elektrokabel und Stecker plus Glühbirne

Werkzeuge und Hilfsmittel

- Lochstanzer (2 mm Durchmesser)
- Tubenkleber
- Pinsel
- Bleistift

1 Markiere durch Falten und Entfalten die Mittelsenkrechten und Diagonalen des Quadrats. Dann falte die Ecken zur Mitte um.

2 Drehe die entstandene Figur um 90 Grad. Markiere die Mittelsenkrechten und Diagonalen des Quadrats.

3 Falte die Figur gemäß der gestrichelten Linie.

4 Markiere durch Falten und Entfalten die gestrichelte Diagonale.

5 Fasse die obere rechte Ecke und öffne die Faltung wie angezeigt, sodass auf der rechten Seite ein kleines Quadrat entsteht, streiche dieses glatt. Wende die Figur und wiederhole den Vorgang.

6 Drehe die Figur so, dass der leicht geöffnete Teil zu dir zeigt.

7 Falte die Figur gemäß den gestrichelten Linien.

8 Entfalte die Faltung aus Schritt 7.

9 Wende die Figur und wiederhole den Vorgang ab Schritt 7.

10 Entfalte die Figur. Stanze kleine, gleichmäßige Löcher gemäß den zuvor markierten Falten aus, wie in der Abbildung gezeigt.

11 Falte die Figur gemäß den Pfeilen, sodass die Mitte auf jeder Seite leicht hervorsteht, und fixiere die Faltung zwischen den einzelnen Blütenblättern mit Kleber.

12 Wölbe die Spitzen der Blütenblätter der Blumenlampe leicht auf, indem du sie um einen Bleistift wickelst.

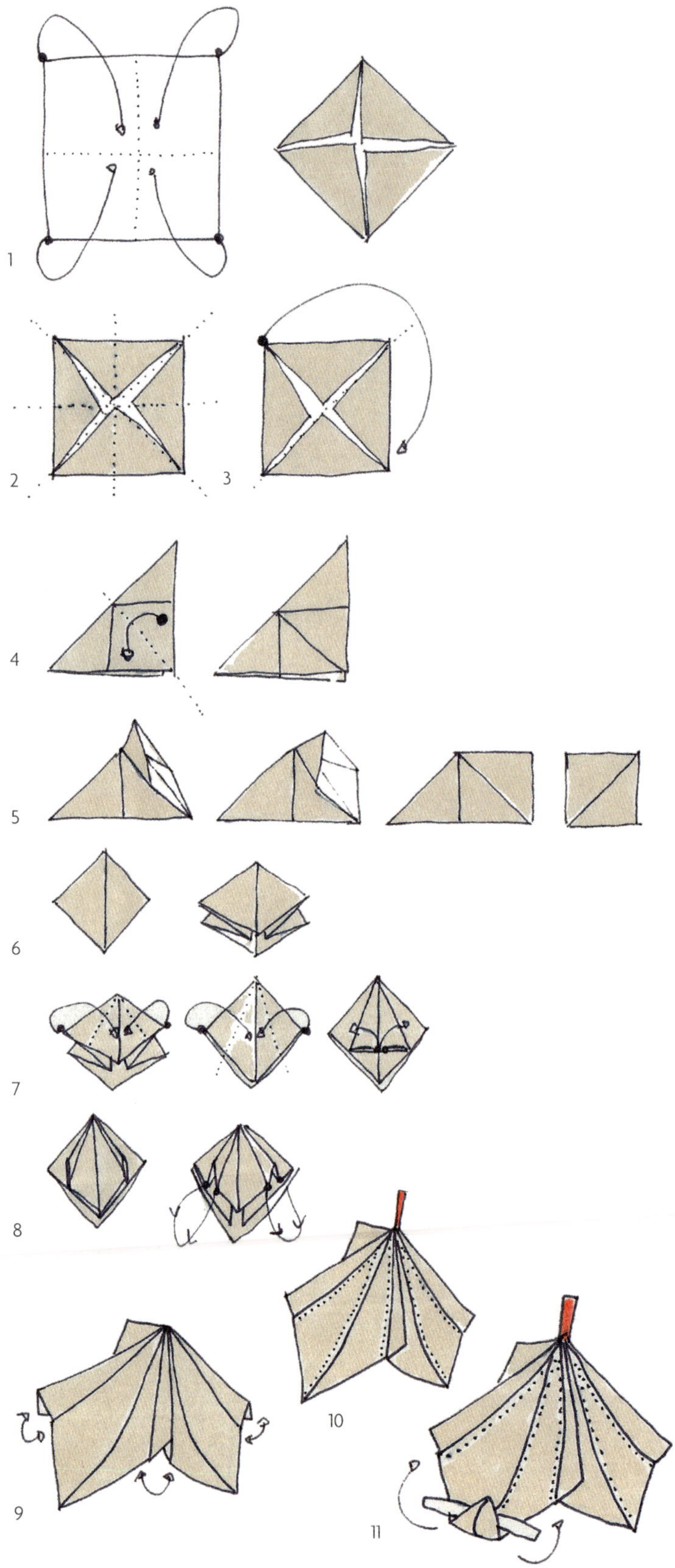

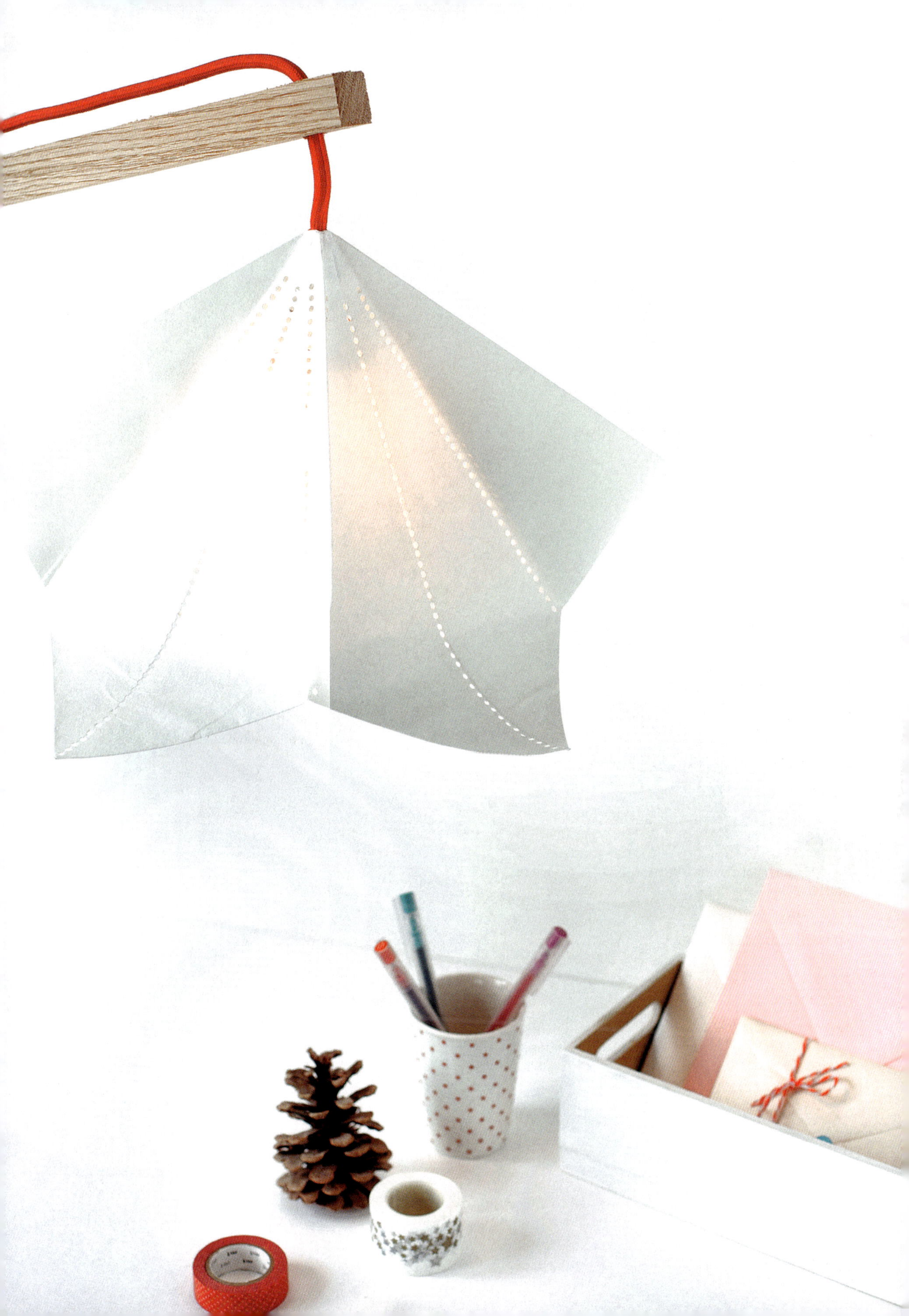

SAATGUT-TÜTCHEN

Materialien

- 1 Rechteck gemustertes japanisches Papier (22 × 10 cm)
- 1 Rechteck weißes 300 g/m²-japanisches Papier (22 × 10 cm)
- 1 kleine Öse
- 1 Musterbeutelklammer
- 20 cm dünnes farbiges Baumwollgarn
- einige Pflanzensamen

Werkzeuge und Hilfsmittel

- Vinylklebstoff
- Pinsel
- Transparentpapier
- Lineal
- Bleistift
- Schere
- Ösenpresse

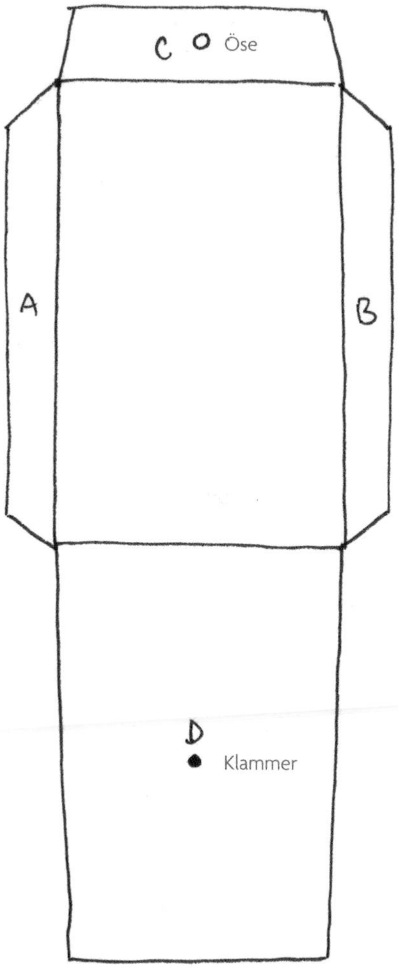

1 Pinsele die unbedruckte Seite des japanischen Papiers dünn mit Klebstoff ein. Klebe das japanische Papier auf das weiße Papier und achte darauf, alles glatt zu streichen, um Luftblasen zu entfernen. Lasse die Collage liegend trocknen, indem du sie unter einem Gewicht (z. B. einem Buch) presst.

2 Zeichne die Form gemäß der Abbildung mit Lineal und Bleistift auf die Collage.

3 Schneide die Form vorsichtig aus.

4 Bringe Öse und Musterbeutelklammer an den in der Illustration angegebenen Punkten an.

5 Falte die Klappen A und B zur Mitte hin um. Falte die Klappe D über die Klappen A und B. Falte Klappe C darüber. Fülle die Pflanzensamen in das Tütchen.

6 Fädele das mittig gefaltete Garnstück durch die Öse und führe die Enden durch die entstandene Schlaufe, dann wickele die Enden um die Klammer, um das Tütchen zu verschließen.

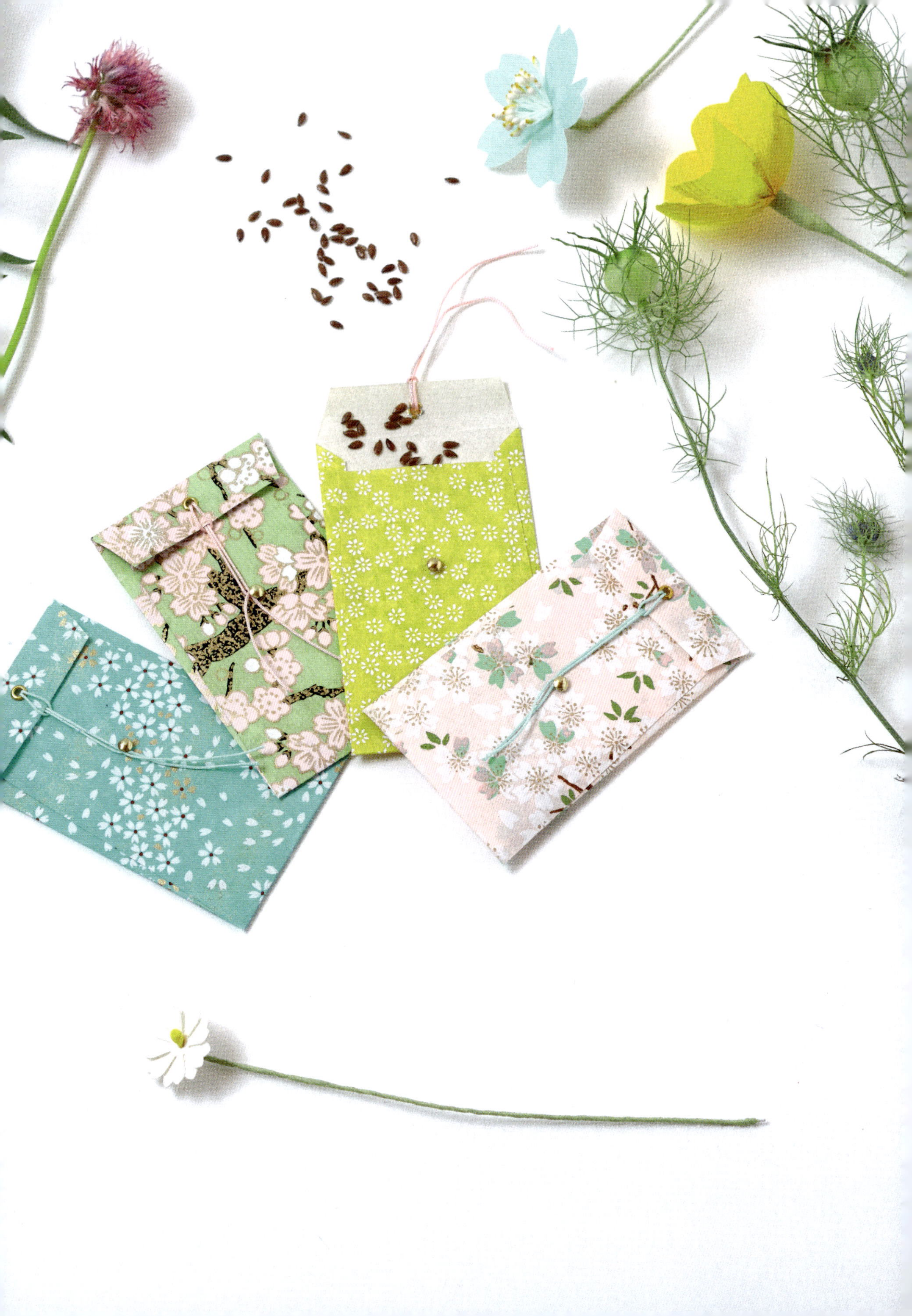

BLUMENSTRAUSS

Materialien (für eine Blume)

- 5 Quadrate gemustertes oder einfarbiges japanisches Papier (15 × 15 cm für eine kleine Blume, 30 × 30 cm für eine große Blume)
- 1 künstlicher Blumenstiel

Werkzeuge und Hilfsmittel

- doppelseitiges Klebeband
- durchsichtiges Klebeband

1 Richte ein erstes Papierquadrat rautenförmig aus und falte die untere Spitze zur oberen, sodass ein Dreieck entsteht.

2 Falte die seitlichen Spitzen zur oberen Spitze gemäß den gestrichelten Linien.

3 Du hast nun eine Rautenform erhalten.

4 Falte die äußeren Ecken gemäß den gestrichelten Linien um.

5 Du hast nun diese Blütenform erhalten.

6 Öffne die Faltungen an den beiden Seiten leicht. Hebe die angezeigten Punkte leicht zur Innenseite der Figur hin an.

7 Streiche die Faltung glatt.

8 Falte die beiden seitlichen oberen Spitzen gemäß den gestrichelten Linien.

9 Du hast nun diese Form erhalten.

10 Falte gemäß den gestrichelten Linien.

11 Falte die Seitenteile mittig und führe die beiden Seiten zusammen. Fixiere die Faltung mit einem kleinen Stück doppelseitigem Klebeband.

12 Du hast nun ein erstes Blütenblatt. Stelle vier weitere Blütenblätter auf die gleiche Weise her.

13 Füge die fünf Blütenblätter mit kleinen Stücken doppelseitigem Klebeband zusammen.

14 Die Blüte ist fertig.

15 Schiebe das Ende eines Blumenstiels in die Mitte der Blüte und befestige ihn mit einem Stück durchsichtigem Klebeband.

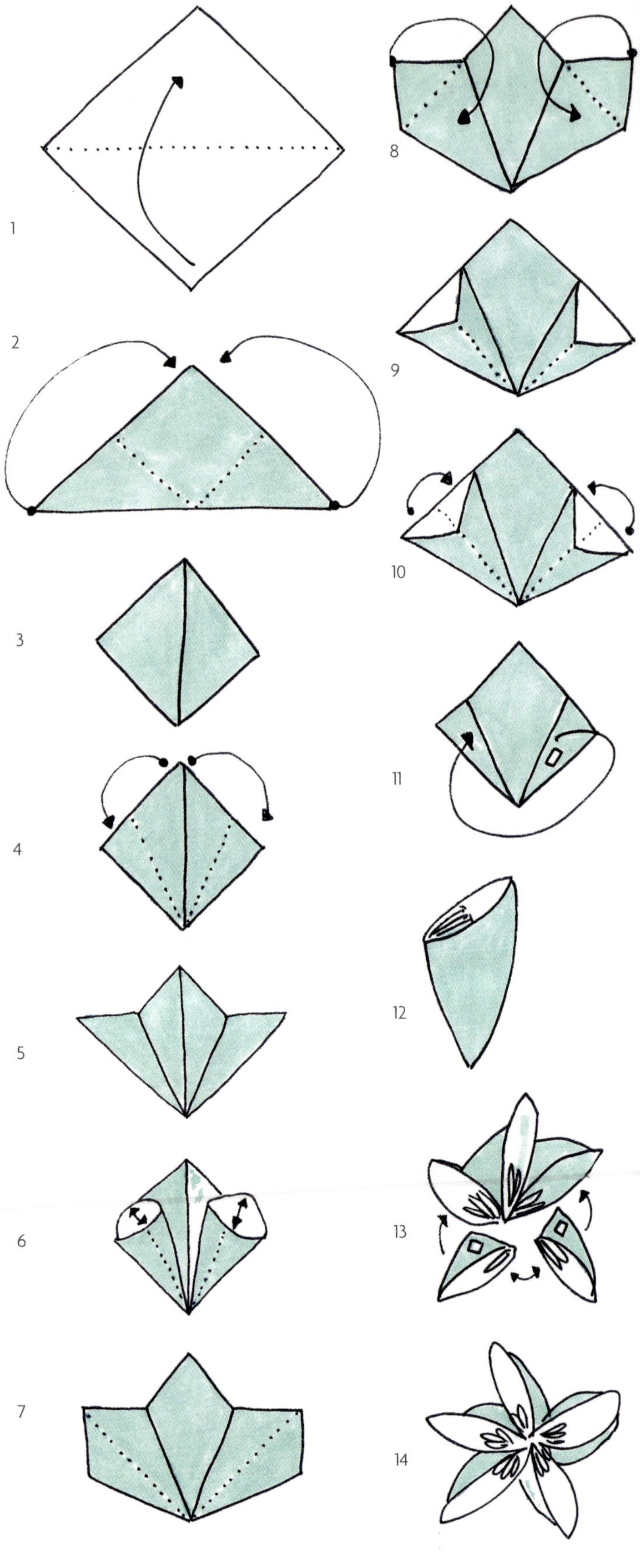

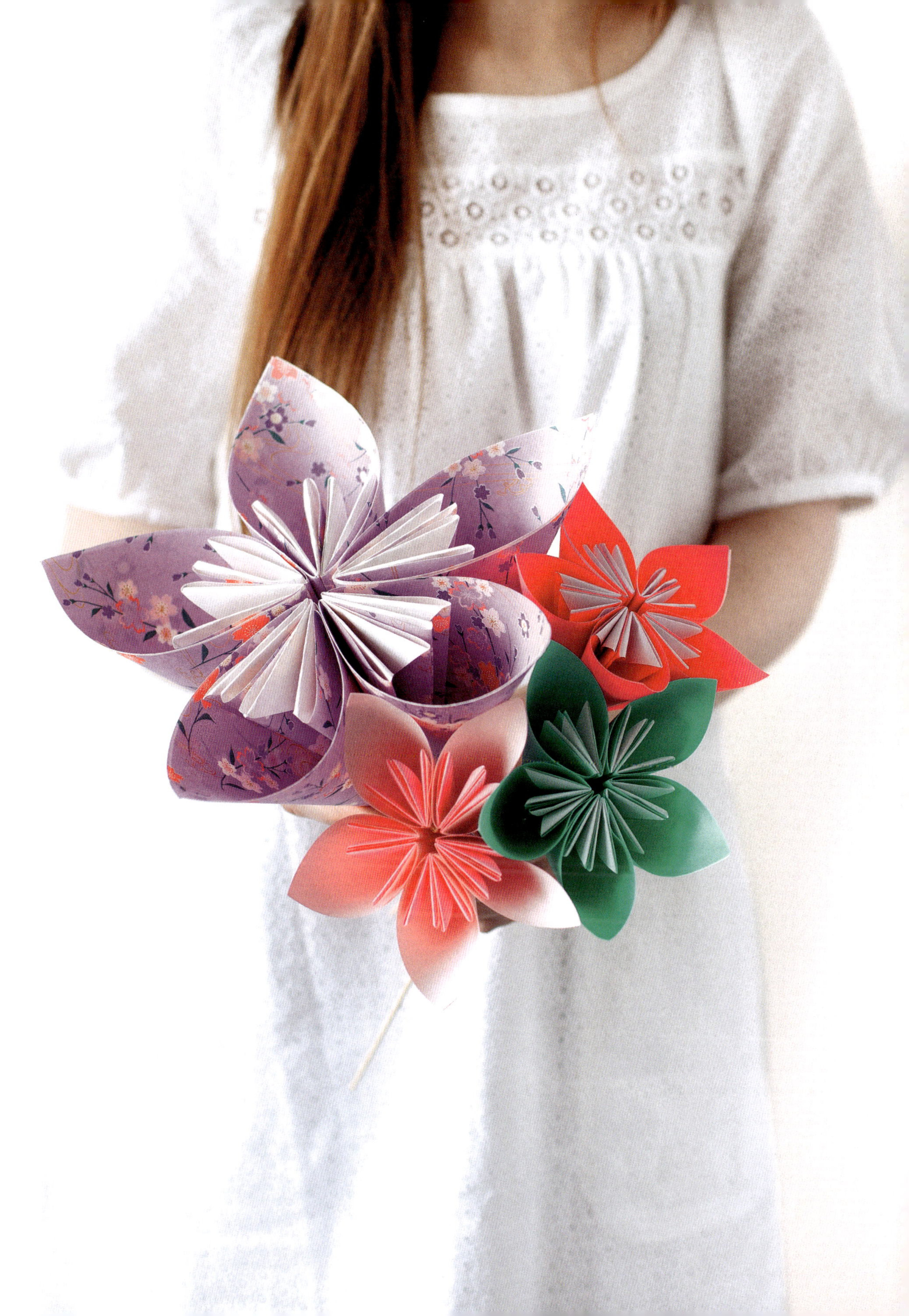

FLECHT-NOTIZBUCH

Materialien

- 1 Notizbuch (15 × 15 cm)
- unterschiedlich farbiges oder gemustertes japanisches Papier (22 cm lang)
- 2 Quadrate farbiges oder gemustertes japanisches Papier (14 × 14 cm)

Werkzeuge und Hilfsmittel

- doppelseitiges Klebeband
- Lineal
- Cutter
- Bleistift

1 Schneide aus dem japanischen Papier dreißig Papierstreifen im Format 22 × 1 cm aus. Öffne das Notizbuch und klebe einen Streifen doppelseitiges Klebeband 1 cm vom Rand entfernt oben auf die Innenseite des Covers.

2 Klebe Papierstreifen senkrecht nebeneinander über die gesamte Breite des Notizbuches auf das doppelseitige Klebeband, sodass die Streifen nach oben hin überstehen. Schließe das Notizbuch und falte alle Papierstreifen über den Einband.

3 Öffne das Notizbuch und klebe einen Streifen doppelseitiges Klebeband 1 cm vom linken Rand entfernt auf die Innenseite des Covers. Klebe Papierstreifen horizontal nebeneinander auf das doppelseitige Klebeband über die gesamte Höhe des Notizbuchs, sodass sie nach links überstehen.

4 Schließe das Notizbuch und falte alle Papierstreifen über den Einband. Dann webe horizontal Papierstreifen in die vertikalen Streifen. Falte die überstehenden Streifen nach unten, indem du sie unter das Gewebe schiebst. Klebe einen Streifen doppelseitiges Klebeband 1 cm vom unteren Rand entfernt auf die Innenseite des Covers und kleb die Streifen nacheinander auf, indem du leicht daran ziehst, um sie gut zu dehnen.

5 Schneide ein 14 × 14 cm großes Quadrat aus farbigem Papier aus. Klebe einen Streifen doppelseitiges Klebeband 1 cm von den Rändern entfernt auf die Innenseite des Covers. Klebe in der Mitte ein Kreuz aus doppelseitigem Klebeband auf. Lege das Papierquadrat über das Klebeband und drücke es fest. Verkleide auch die Innenseite des rückseitigen Covers mit einem Papierquadrat.

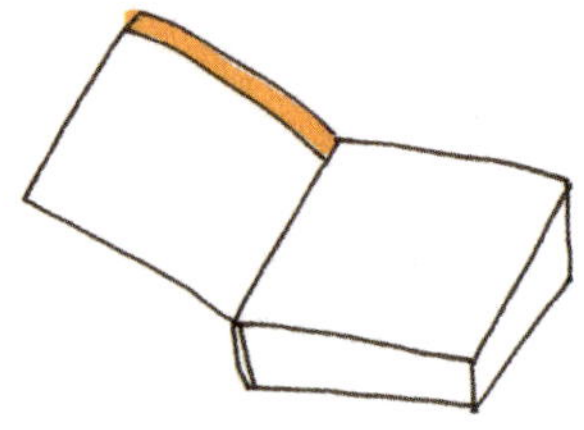
1

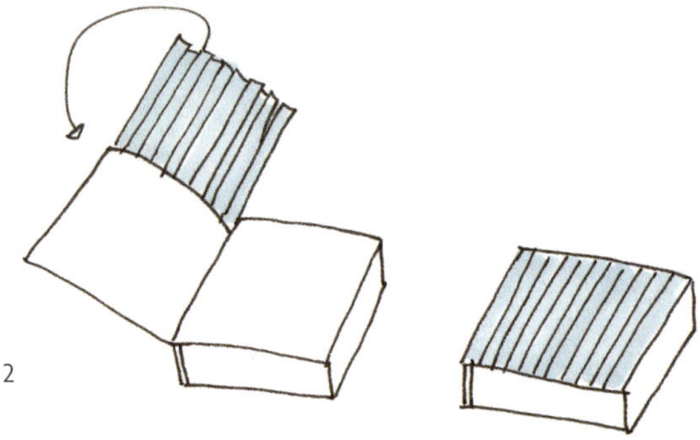
2

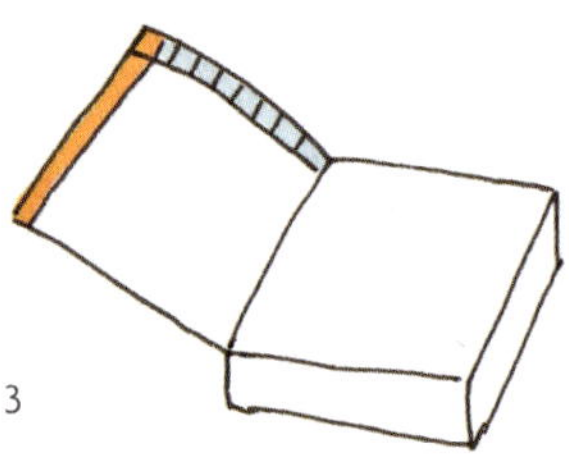
3

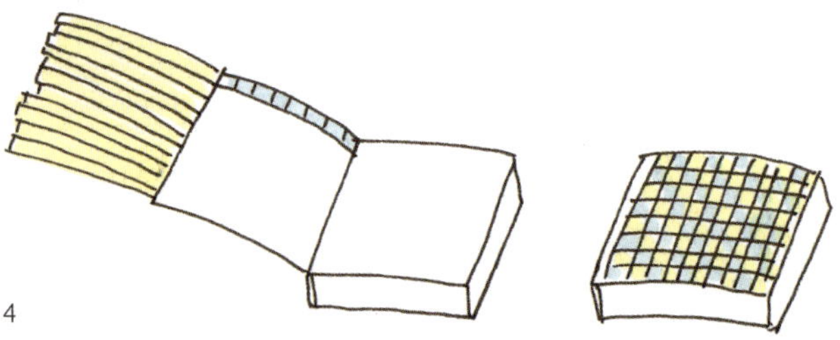
4

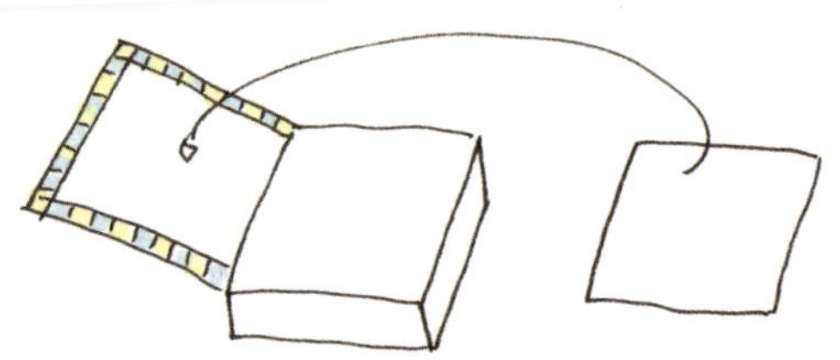
5

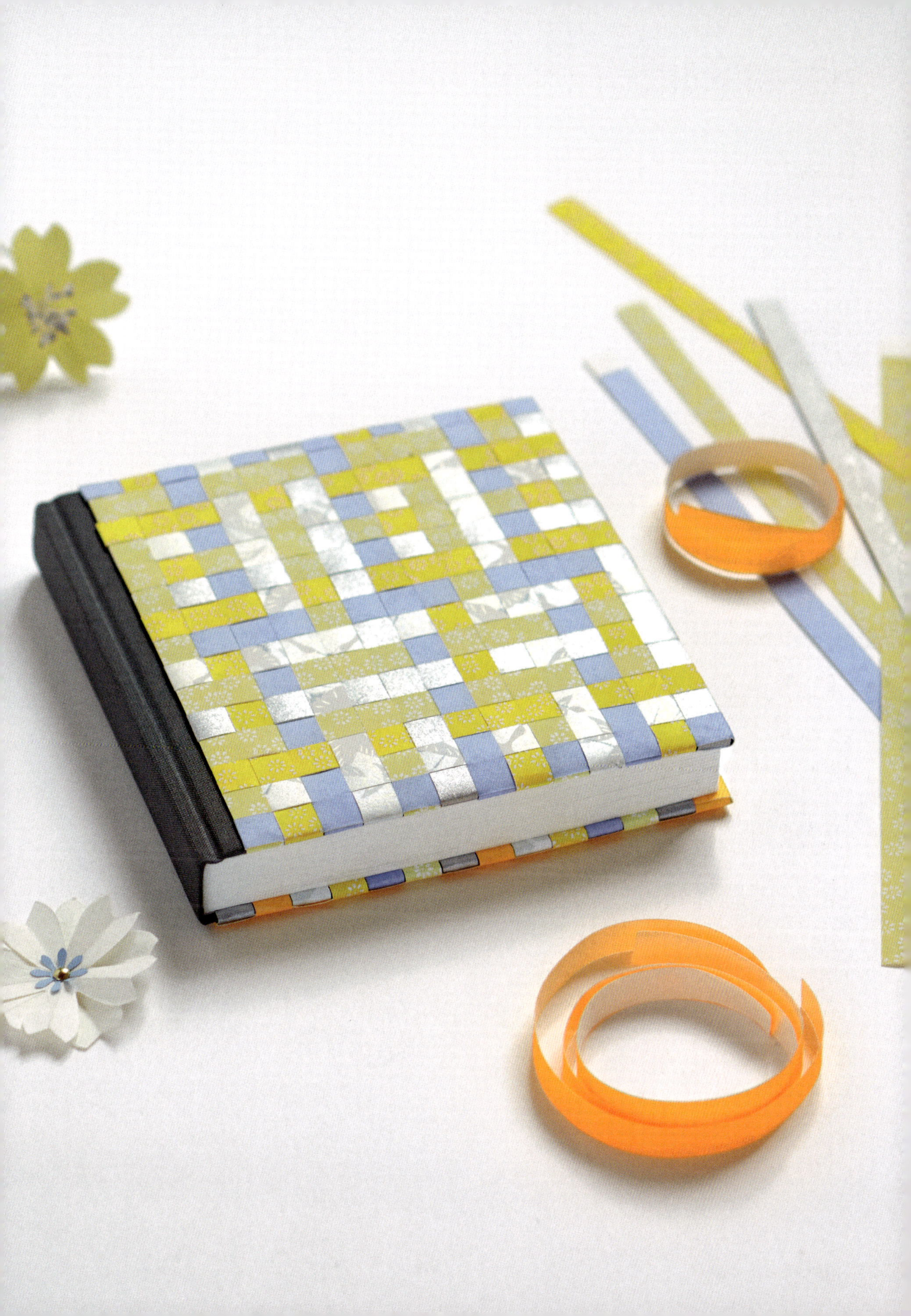

POP-UP-KARTE

Materialien

- 6 Quadrate rosafarbenes japanisches Papier (15 × 15 cm)
- 1 kleines Stück grünes japanisches Papier
- 1 Blatt Canson-Papier (DIN A5)

Werkzeuge und Hilfsmittel

- doppelseitiges Klebeband
- Bleistift
- Tubenkleber

1 Falte ein erstes Papierquadrat gemäß den gestrichelten Linien, sodass ein kleineres Quadrat entsteht. Falte es diagonal, sodass ein Dreieck entsteht.

2 Zeichne die Schablone für das große Blütenblatt nach (siehe Seite 77), platziere es in der Ecke des Dreiecks, zeichne den Umriss auf und schneide die Form aus. Öffne die Faltung.

3 Schneide eines der Blütenblätter gemäß den Falzen aus (hier blau dargestellt).

4 Klebe die beiden hier pink dargestellten Blütenblätter zusammen, um die Blüte zu einer Kelchform zu schließen. Fertige fünf weitere Blüten an.

5 Falte alle Blüten mittig. Richte eine Blüte so aus, dass die Außenseite von drei Blütenblättern zu dir zeigt. Klebe ein Blütenblatt einer anderen Blüte auf das linke Blütenblatt und ein Blütenblatt einer anderen Blüte auf das rechte Blütenblatt.

6 Streiche die aufgeklebten Blüten gut flach. Klebe die drei hinteren Blütenblätter der mittleren Blüte auf die drei mittleren Blütenblätter der Blüten, die du gerade zusammengeklebt hast.

7 Klebe je ein Blütenblatt einer Blüte auf jede Seite des zentralen Blütenblatts der zentralen Blüte. Streiche die Figur glatt.

8 Klebe die drei hinteren Blütenblätter der letzten Blüte auf die drei mittleren Blütenblätter der zusammengeklebten Blüten.

9 Falte das Blatt Canson-Papier mittig zu einer Karte. Klebe ein Stück Klebeband auf die Rückseite der zuletzt aufgeklebten Blüte und befestige sie innen auf einer Seite der Karte.

10 Klebe ein Stück Klebeband auf die andere Seite der Blüten und befestige sie am anderen Teil der Karte.

11 Schneide zwei kleine Blattformen aus grünem Papier aus und klebe deren Basis unter eine Blüte.

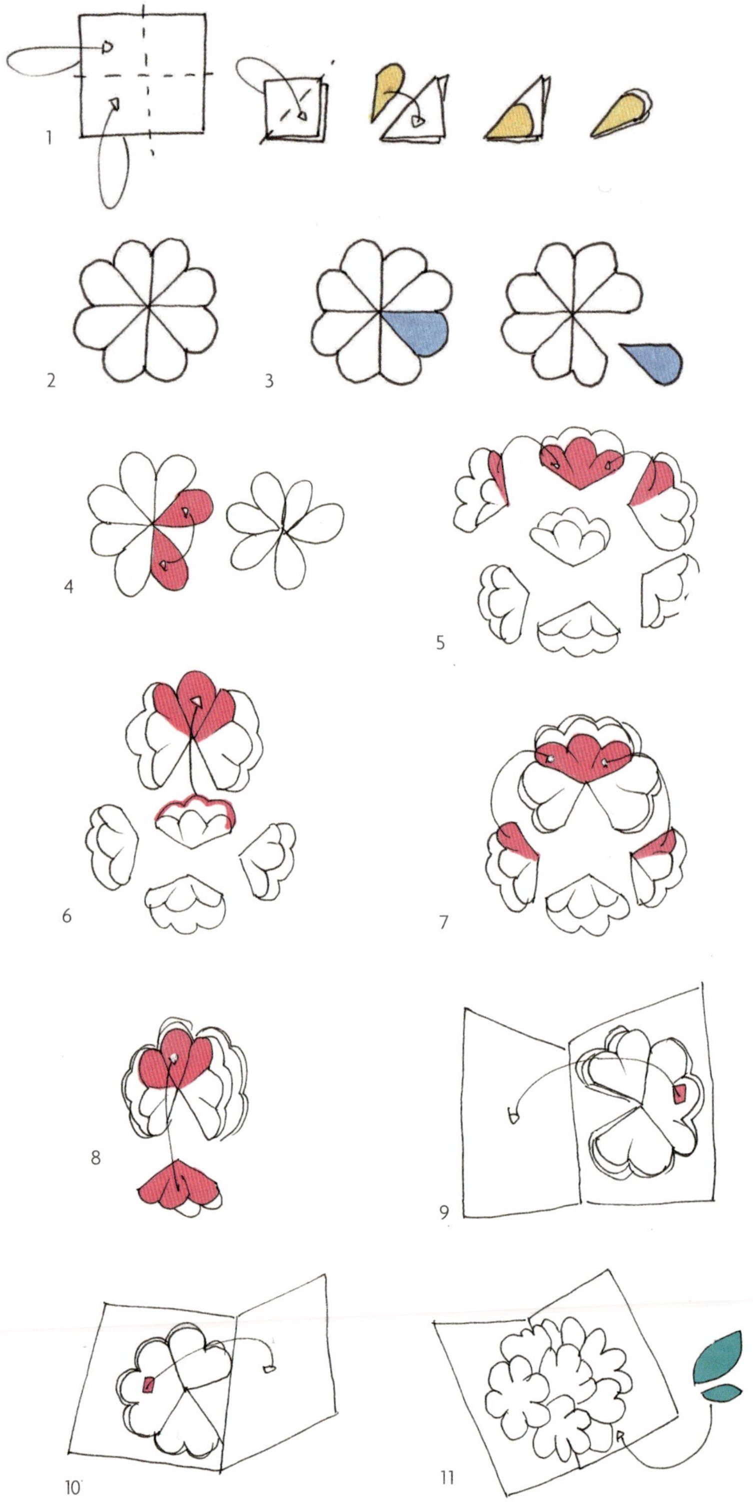

Tipp: Um komplexere Blumen zu gestalten, verwende unterschiedlich farbige Quadrate in den Formaten 6 × 6 cm und 7,8 × 7,5 cm und nutze die anderen Vorlagen auf Seite 77.

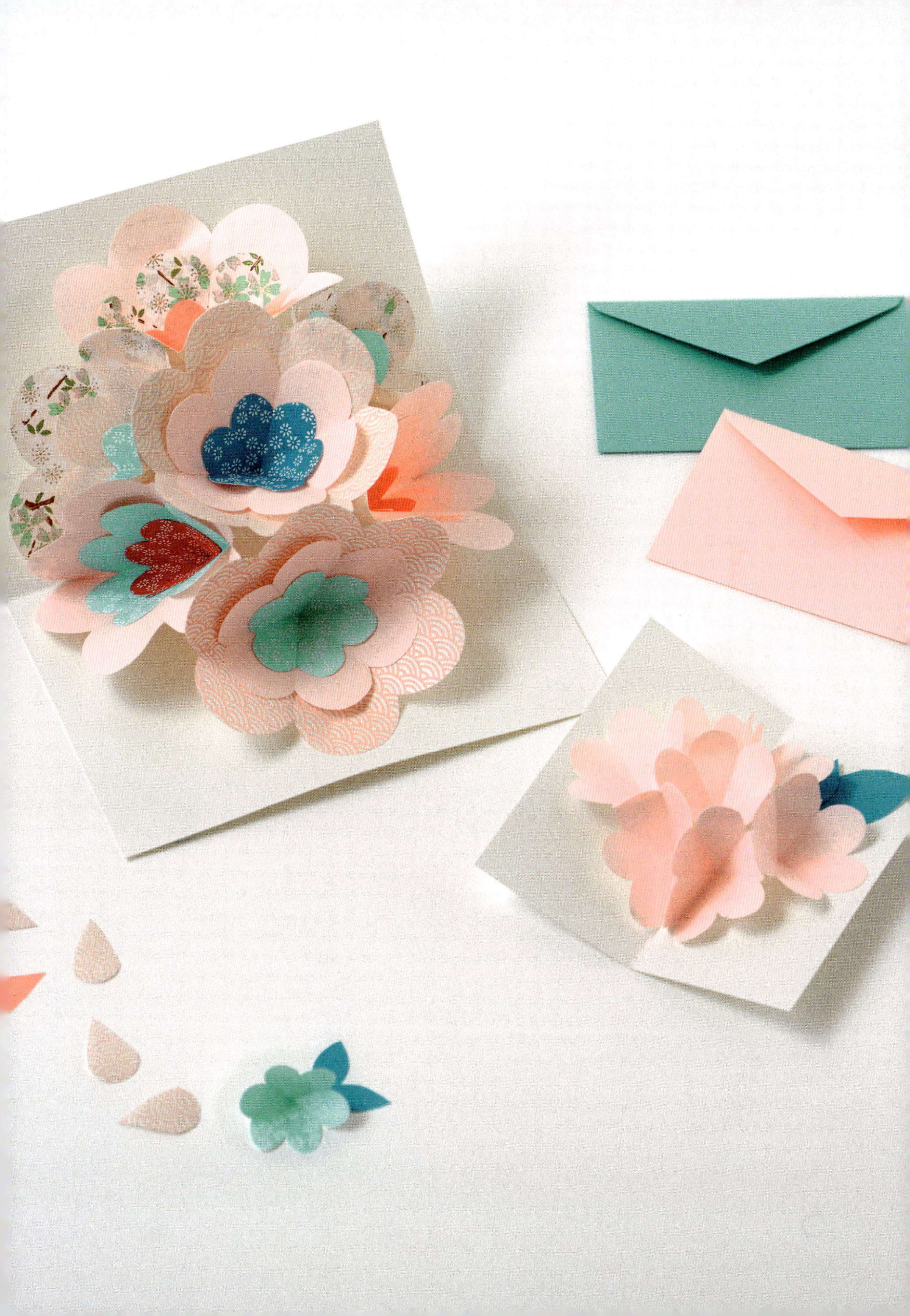

ÜBERRASCHUNGS-PYRAMIDE

Materialien

- 1 Quadrat einfarbiges oder gemustertes japanisches Papier (15 × 15 cm)
- 2 farbige Aufkleber oder kleine Blüten aus Papier
- Süßigkeiten oder andere kleine Geschenke

Werkzeuge und Hilfsmittel

- Tubenkleber

1 Lege das Papier mit der unbedruckten Seite nach oben vor dir aus und markiere mit Falzen die Mittelsenkrechten und Diagonalen.

2 Falte gemäß den gestrichelten Linien, um eine Drachenform zu erhalten.

3 Entfalte die Figur.

4 Drehe die Figur um 90 Grad und falte die anderen Ecken auf die gleiche Weise.

5 Falze eine Ecke wie in der Abbildung gezeigt.

6 Entfalte die Figur und wiederhole das Falzen auch mit den anderen Ecken.

7 Falze zwei gegenüberliegende Ecken wie in der Abbildung gezeigt.

8 Markiere die in gestrichelten Linien dargestellten Falze.

9 Falte die Pyramide wie in der Abbildung gezeigt und befestige die Unterseite der Laschen mit etwas Klebstoff.

10 Fülle Süßigkeiten in die entstandene Pyramide, falte die beiden Laschen vertikal und klebe die Aufkleber auf die obere Spitze, um die Pyramide zu verschließen.

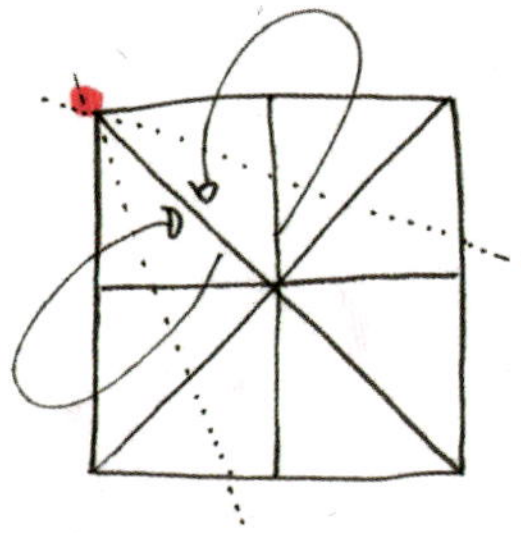

1

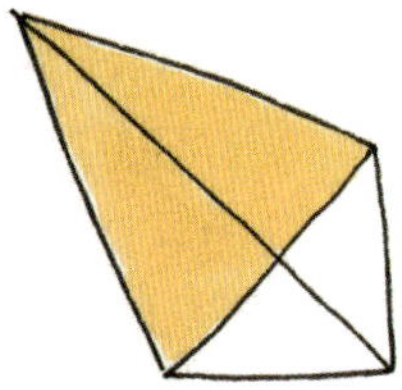

2

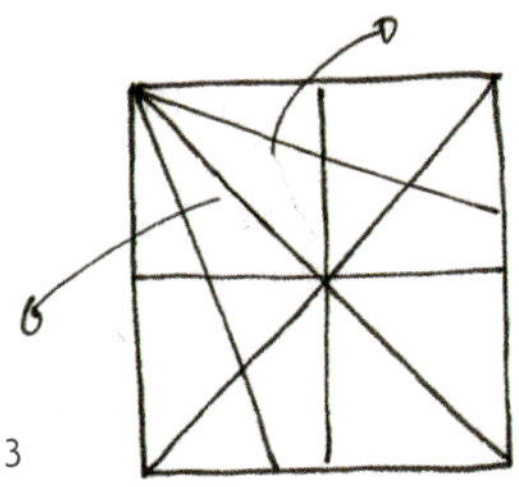

3

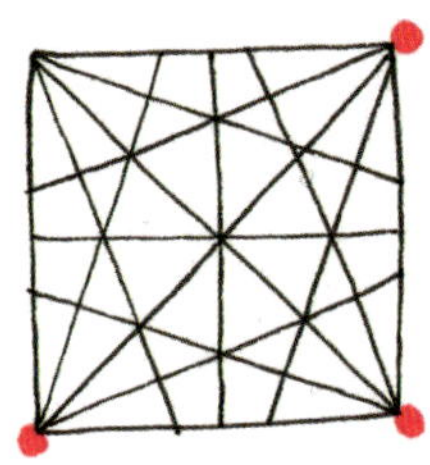

4

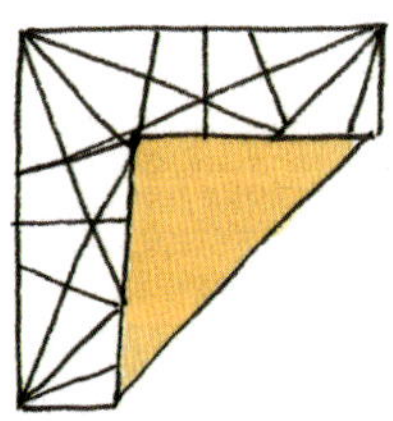

5

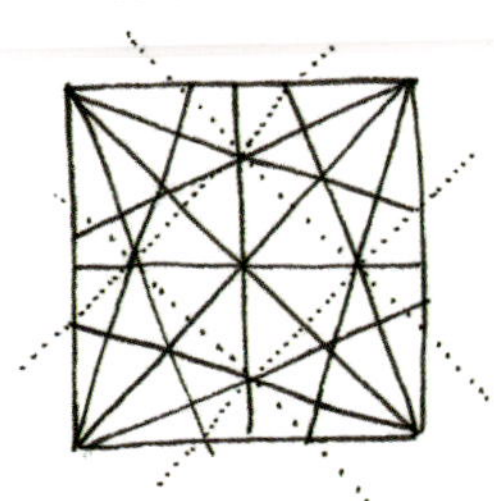

6

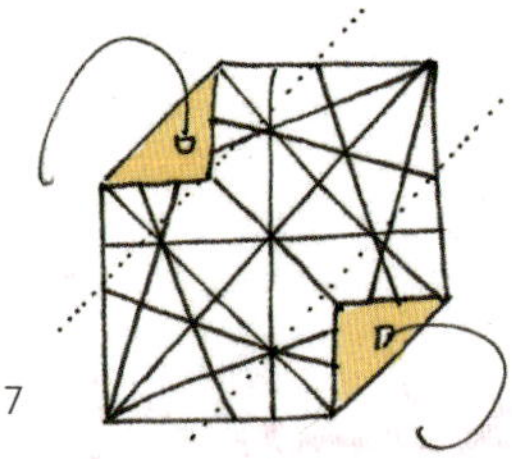

7

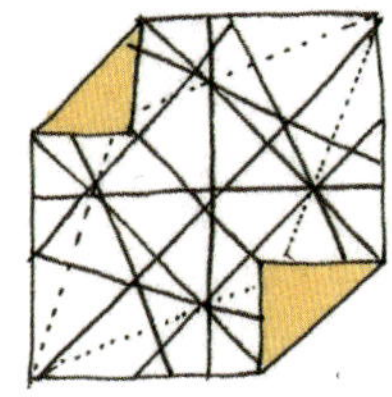

8

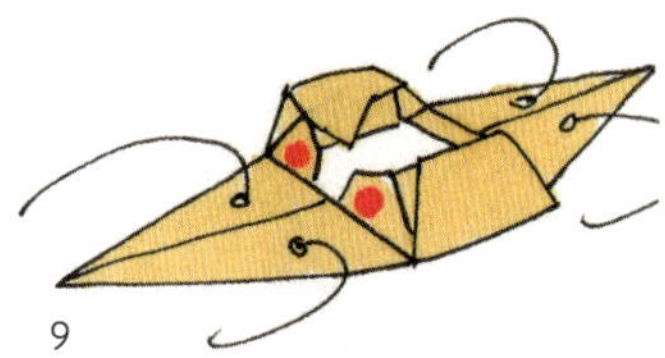

9

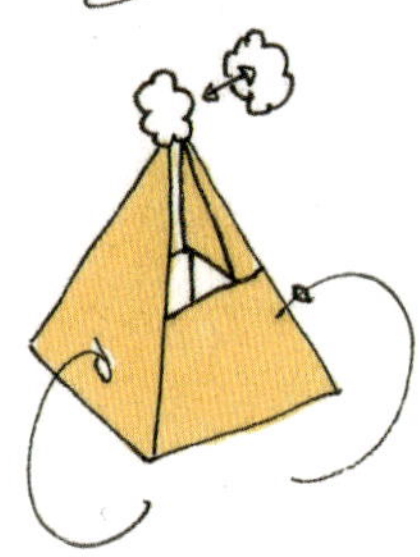

10

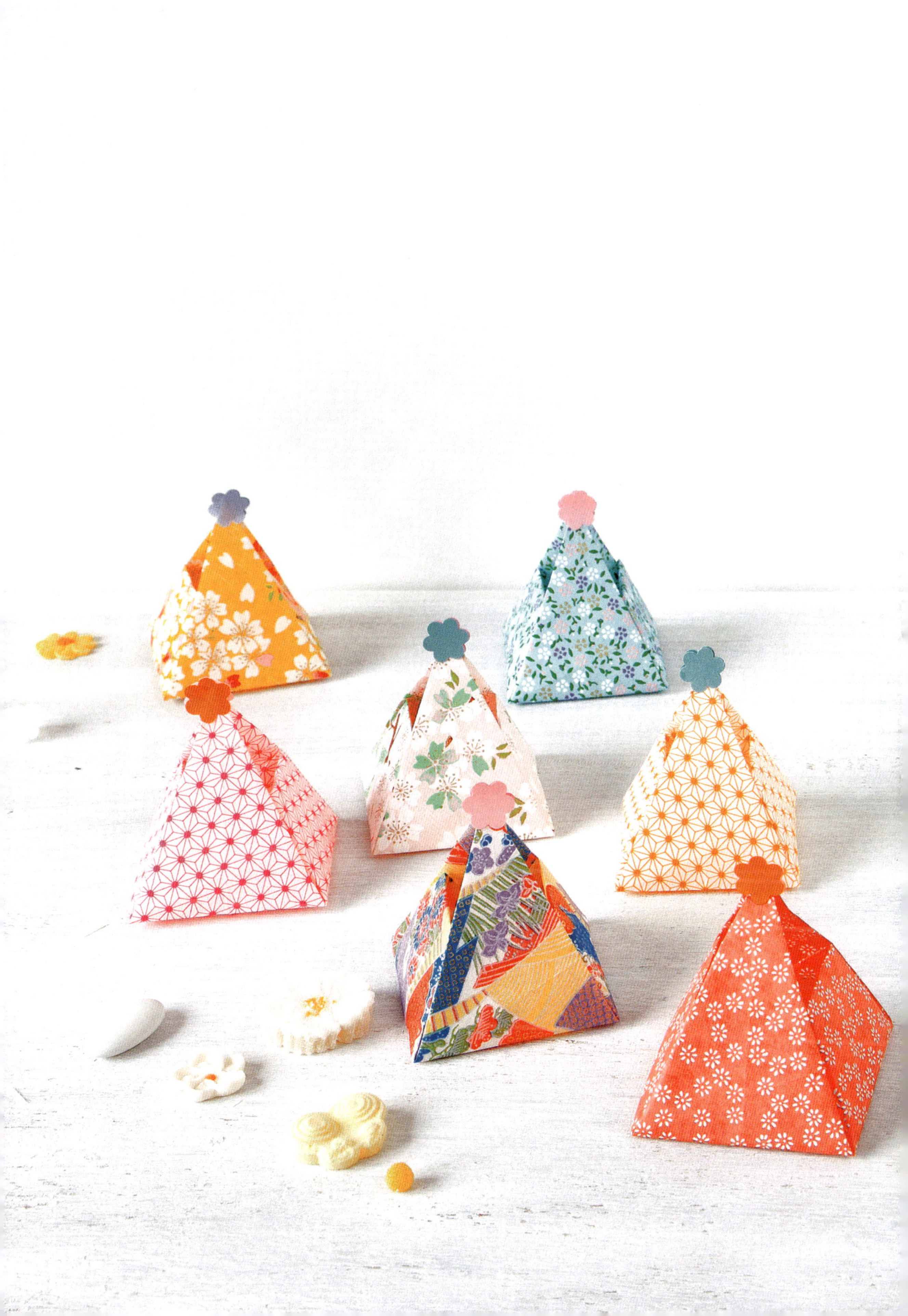

BUNTER SCHUBER

Materialien

- 1 Blatt gemustertes japanisches Papier (48 × 64 cm)
- 1 Schuber aus Holz oder Pappe

Werkzeuge und Hilfsmittel

- Vinylklebstoff
- Pinsel
- Lineal
- Schere
- Bleistift
- Cutter

1 Lege das Papier mit der bedruckten Seite nach unten vor dir aus. Lege den Schuber mit der Oberseite auf das Papier und zeichne den Umriss mit Bleistift nach, wobei du an der linken kurzen Seite 1 cm Zugabe berücksichtigst. Lege den Schuber mit dem Rücken auf das Papier und zeichne den Rücken direkt an die erste Umrissform angrenzend auf. Lege den Schuber mit der Rückseite auf das Papier und zeichne den Umriss direkt an den Rückenumriss angrenzend mit Bleistift nach, wobei du an der rechten kurzen Seite wieder 1 cm Zugabe berücksichtigst. Du hast nun eine große Gesamtform gezeichnet. Zeichne auch die niedrige Vorderfront des Schubers auf dem Papier nach.

2 Schneide beide Formen aus.

3 Pinsele die unbedruckte Seite der Gesamtform mit Klebstoff ein und beziehe den Schuber damit. Achte darauf, das Papier glatt zu streichen, um Luftblasen zu entfernen. Lasse alles trocknen. Klebe dann die Vorderfrontform auf und lasse alles trocknen. Schneide mit einem Cutter das Greifloch in das Papier.

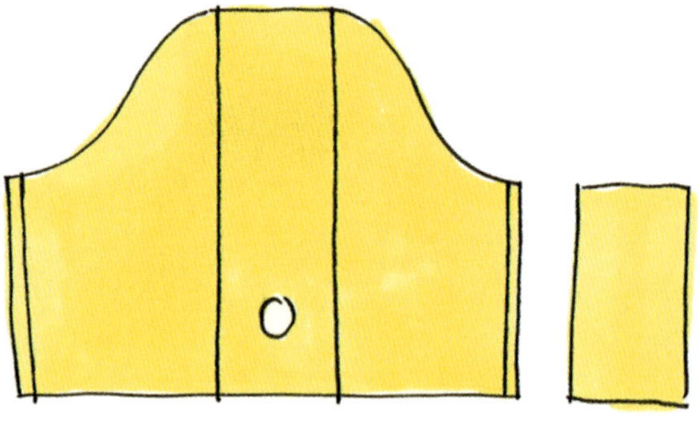

1

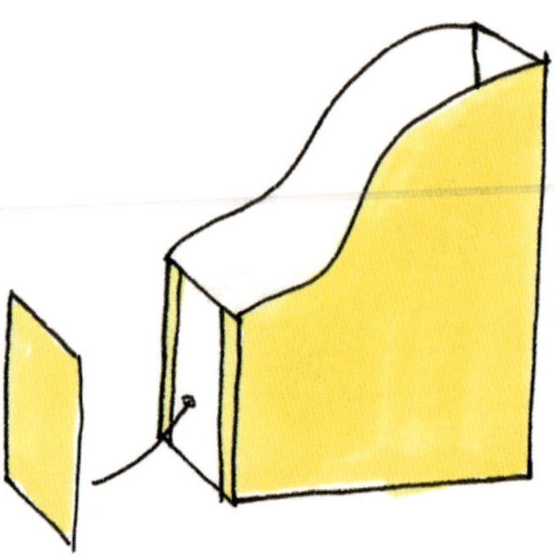

3

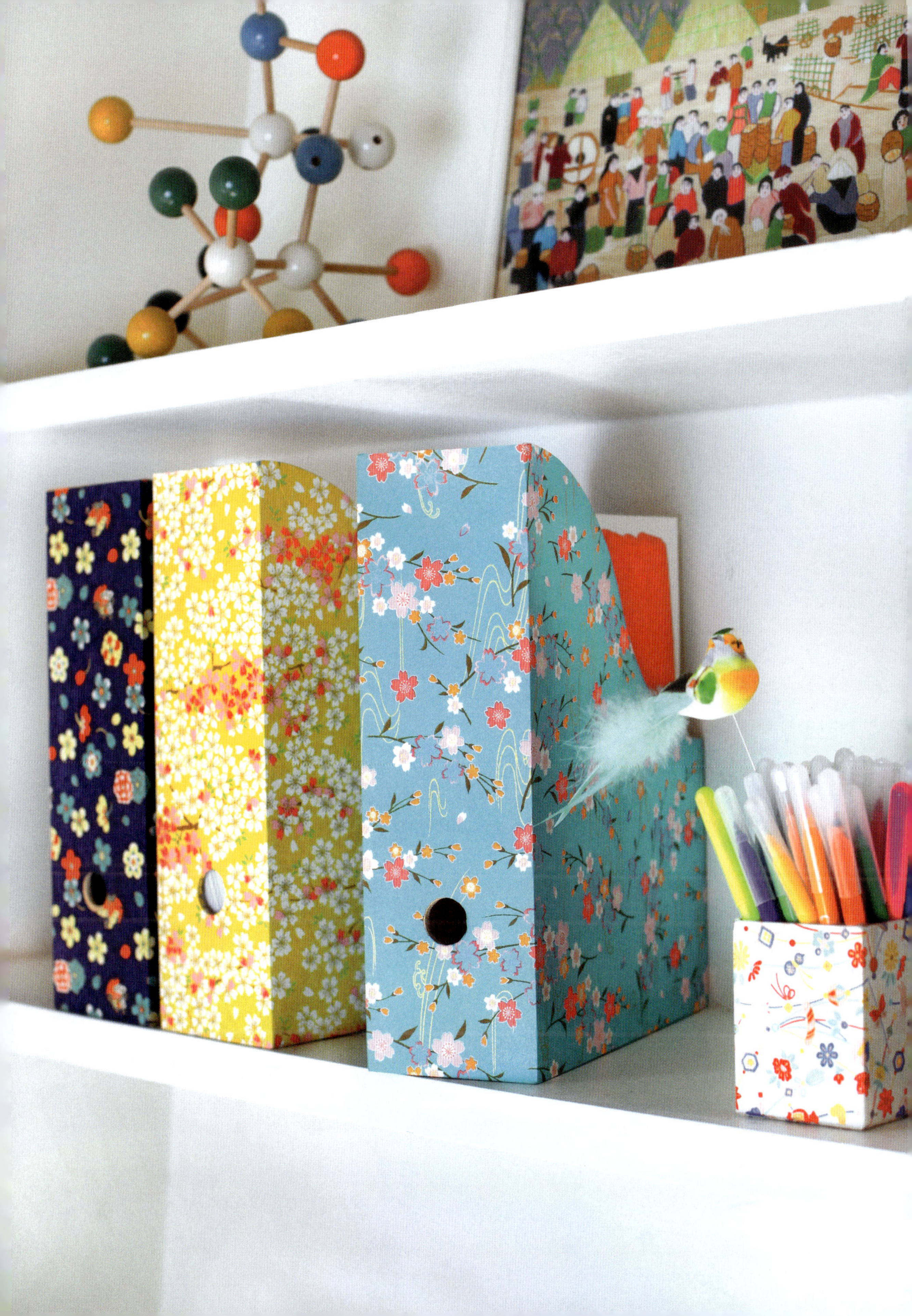

HERZ-KARTE

Materialien

- 1 Rechteck einfarbiges oder gemustertes japanisches Papier (9,5 × 24 cm für ein kleines Herz, 16 × 40 cm für ein großes Herz)

Werkzeuge und Hilfsmittel (optional)

- Bügeleisen und Bügeltücher

1 Lege das Rechteck mit der bedruckten Seite nach unten vor dir aus. Markiere gemäß den gestrichelten Linien die diagonalen Falze auf der rechten Seite des Rechtecks.

2 Markiere auch die diagonalen Falze auf der linken Seite des Rechtecks.

3 Wende das Rechteck und markiere die gestrichelten Vertikalen mit Falzen.

4 Wende das Rechteck erneut. Falte die rechte Seite wie angezeigt, sodass ein Dreieck entsteht. Streiche die Faltung glatt.

5 Falte auch die linke Seite wie angezeigt, sodass ein zweites Dreieck entsteht. Streiche die Faltung flach.

6 Falte die Figur gemäß der gestrichelten Linie in der vertikalen Mittelsenkrechten.

(Fortsetzung siehe Seite 30)

1

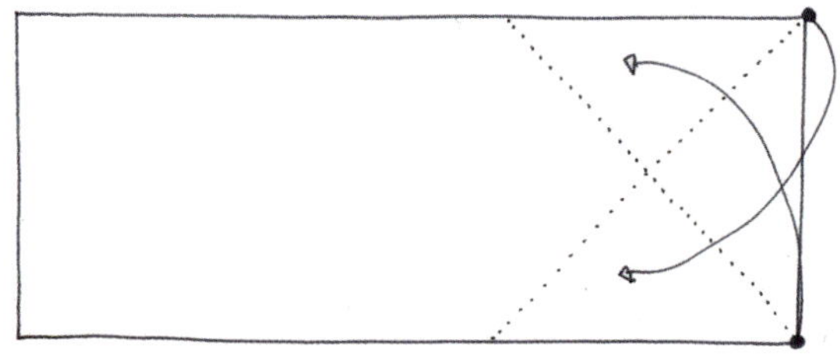

2

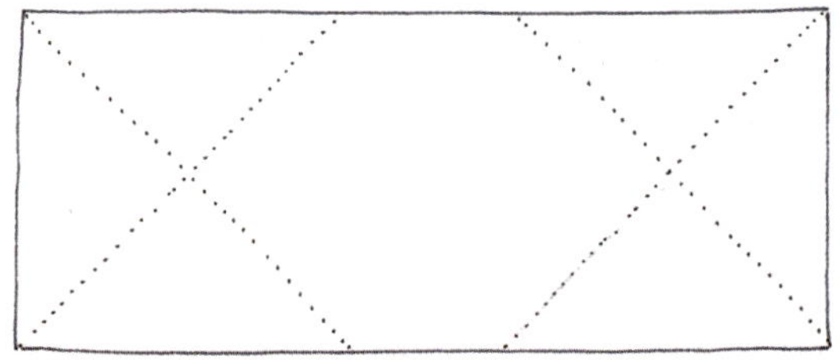

3

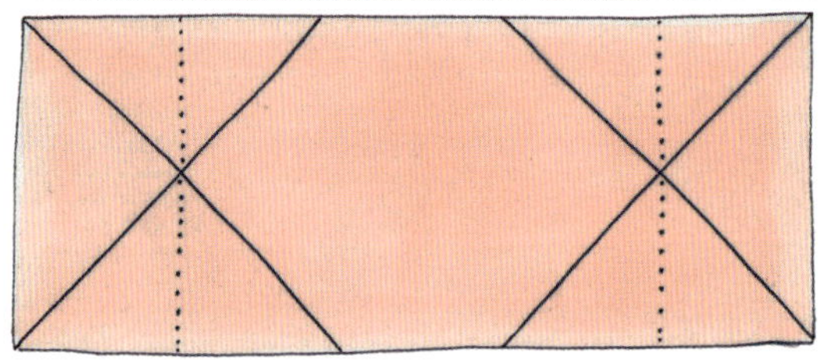

4

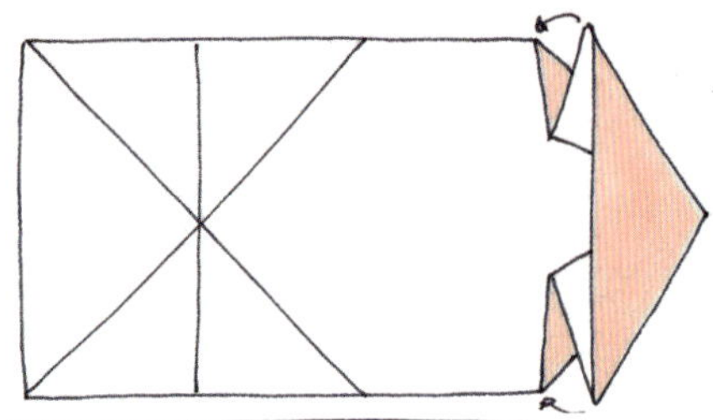

5

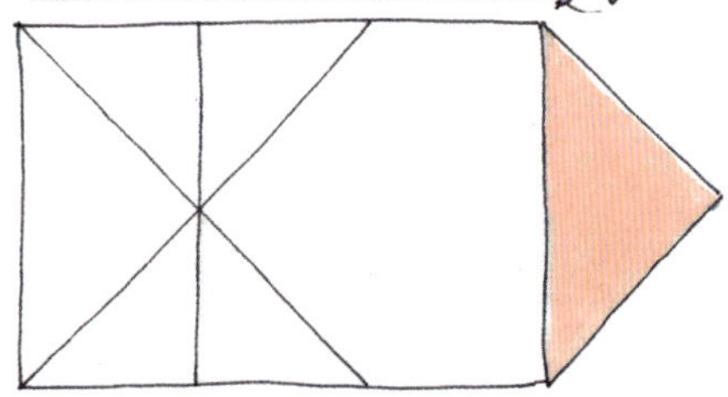

6

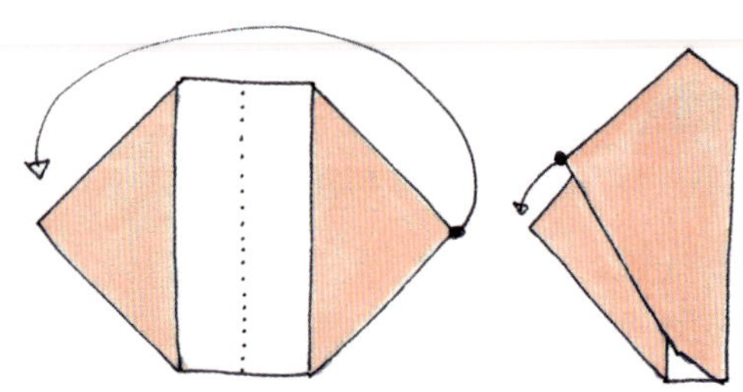

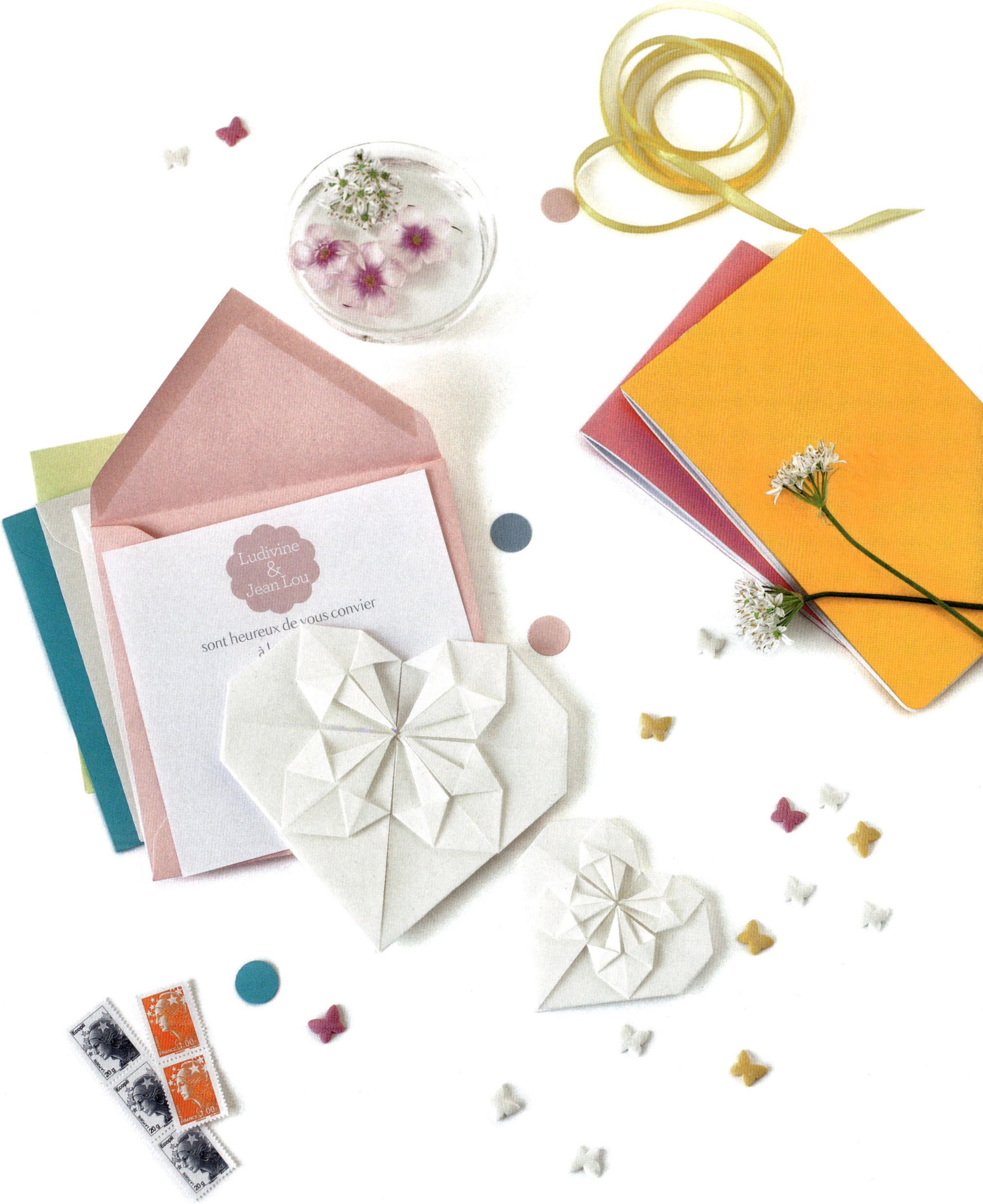
Ludivine
&
Jean Lou
sont heureux de vous convier

HERZ-KARTE (FORTSETZUNG)

7 Falte die Ecken gemäß den gestrichelten Linien.

8 Klappe die obere Lage der linken Spitze gemäß der gestrichelten Linie um, um die Figur zu öffnen und eine Diamantform zu erhalten.

9 Falte die untere rechte Spitze wie angezeigt gemäß der gestrichelten Linie.

10 Falte die anderen Spitzen auf die gleiche Weise.

11 Öffne eine der Ecken, die du gerade gefaltet hast, falte die Spitze zur Mitte und streiche die Faltung glatt.

12 Wiederhole den Vorgang an den anderen drei Ecken.

13 Falte gemäß den gestrichelten Linien.

14 Wiederhole den Vorgang an den anderen drei Diamanten in der Mitte der Figur.

15 Öffne die kleinen Seitendreiecke und glätte sie.

16 Falte das Oberteil gemäß den gestrichelten Linien nach hinten um.

17 Falte die Ecken der rechten und linken Seite nach hinten um.

18 Das Herz ist fertig. Bügele die Faltung optional sanft zwischen zwei Bügeltüchern, um sie zu glätten.

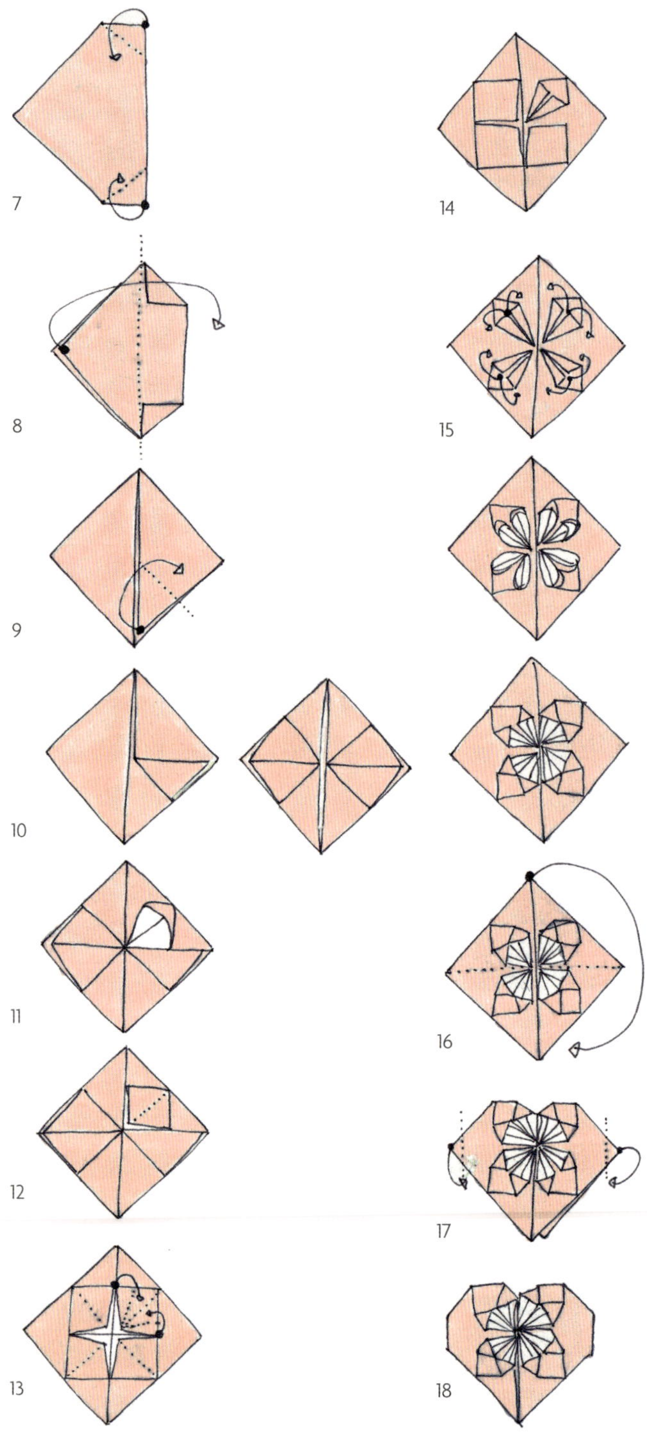

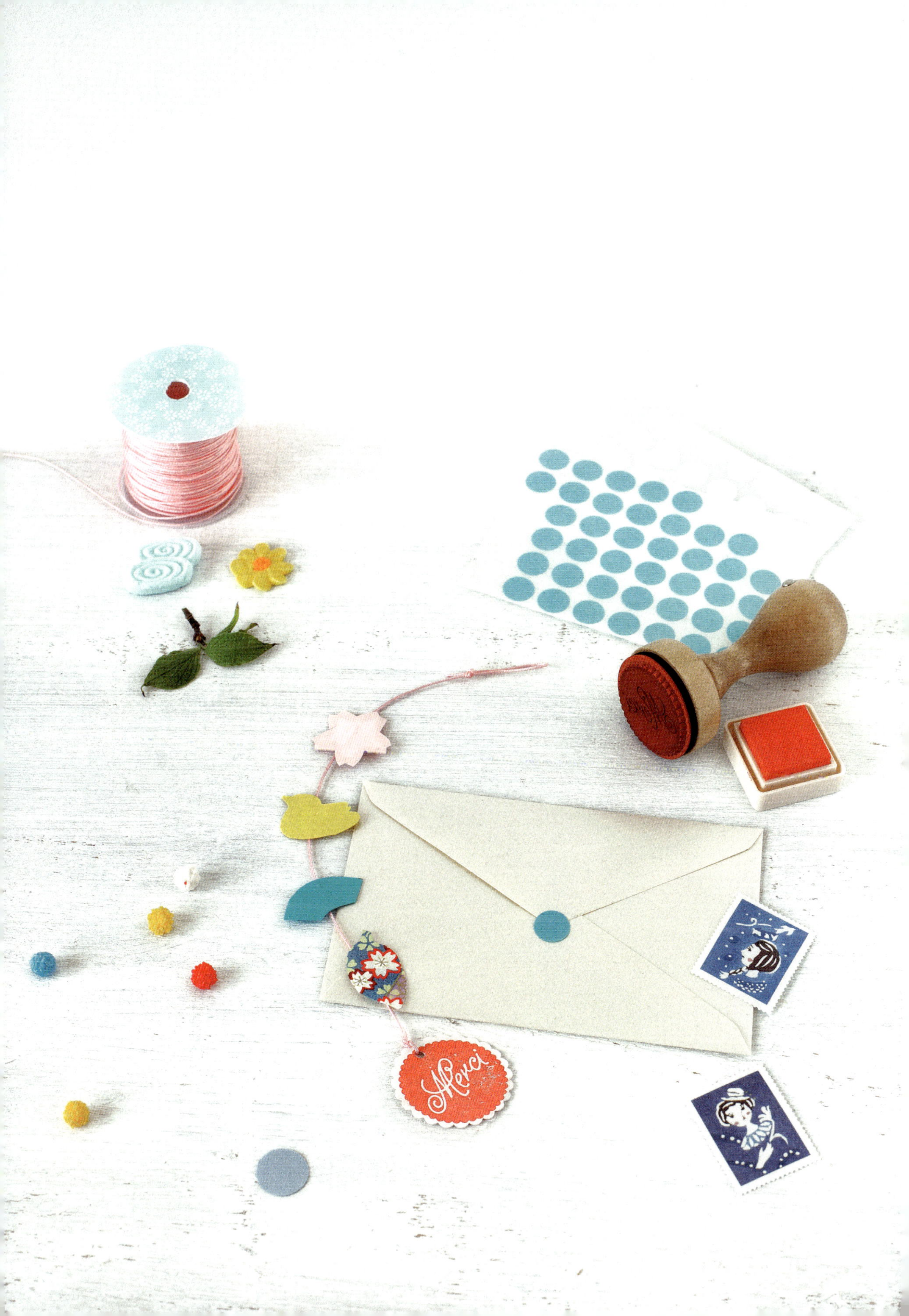
Merci

HAUSPOST-KISTE

Materialien

- weißer Karton (Stärke 2 mm)
- weißes Papier (13 × 10 cm)
- 20 Quadrate einfarbiges oder gemustertes japanisches Papier (15 × 15 cm für die Blumen)
- 20 gelochte Blütenzentren aus Stoff
- etwa 20 Musterbeutelklammern

Werkzeuge und Hilfsmittel

- Acrylfarbe
- Klebeband
- Vinylklebstoff
- Pinsel
- Cutter
- Wellenschere (oder normale Schere)
- Nagel
- Buchstabenstempel und Stempelkissen

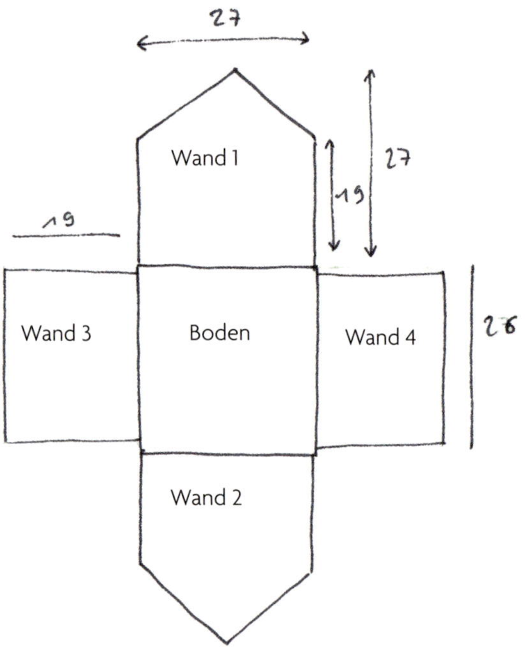

Haus

1 Schneide gemaß Schnittplan aus weißem Karton sieben Formen auf die angegebenen Maße zu (vier Wände, ein Boden und zwei Dachflächen).

2 Montiere die Fassade. Stelle hierfür die Wände senkrecht auf und klebe sie an den Innenseiten mit Klebeband aneinander. Stelle die Fassade dann auf die Bodenfläche und klebe sie fest.

3 Schneide mit dem Cutter einen Einwurfschlitz in eine der Dachflächen und befestige die beiden Dachflächen mit Klebeband aneinander.

4 Klebe das Dach mit Vinylklebstoff auf die Fassade.

5 Bemale das Haus mit 1 oder 2 Schichten Acrylfarbe und lasse alles gut trocknen.

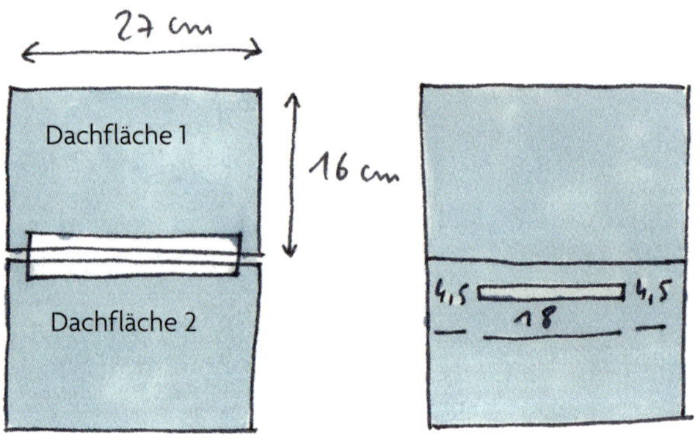

Blüten

1 Falte Kirschblüten an gemäß der Anleitung auf Seite 8.

2 Stapele je zwei oder drei Kirschblüten in der Reihenfolge ihrer Größe übereinander und perforiere sie in der die Mitte mit einem Nagel. Lege je einen gelochten Blütenstempel auf jeden Blumenstapel und fixiere ihn mit einer Musterbeutelklammer. Klebe die fertigen Blüten auf das Haus.

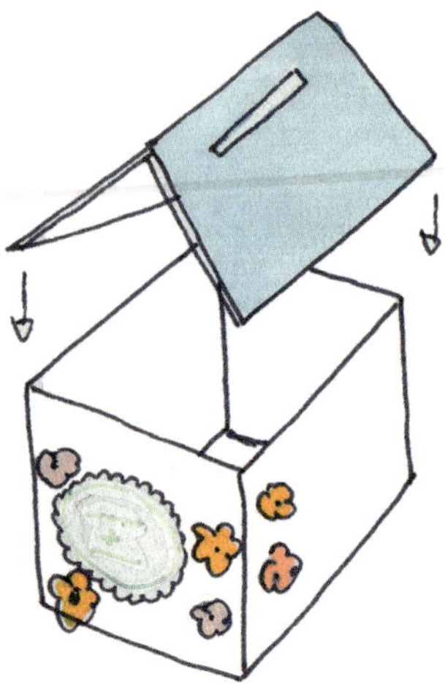

Etikett

1 Schneide ein Etikett mit einer Wellenschere aus weißem Papier aus.

2 Stempele die Vornamen auf das Etikett und klebe es mit Vinylklebstoff auf das Haus.

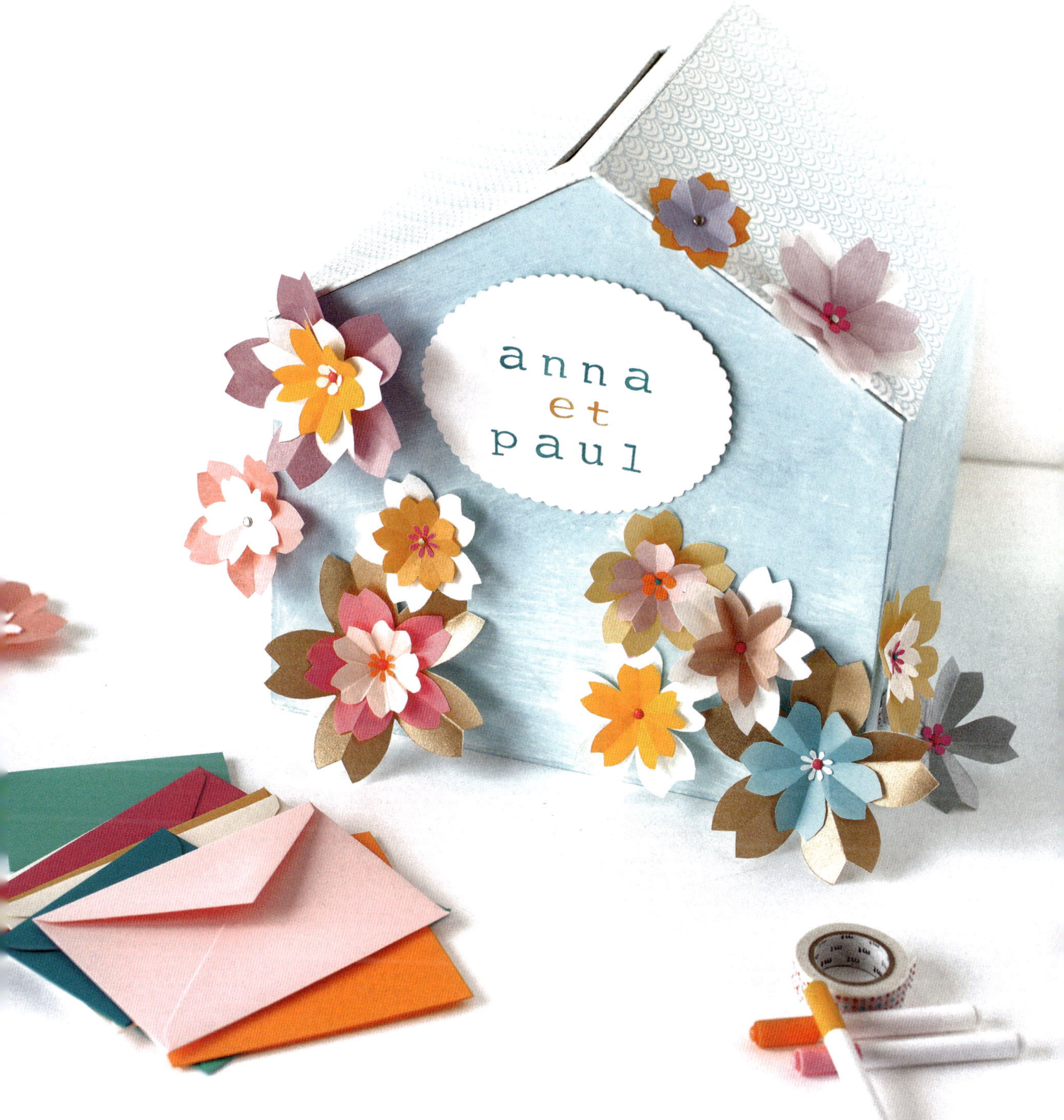
anna
et
paul

FOTOALBUM

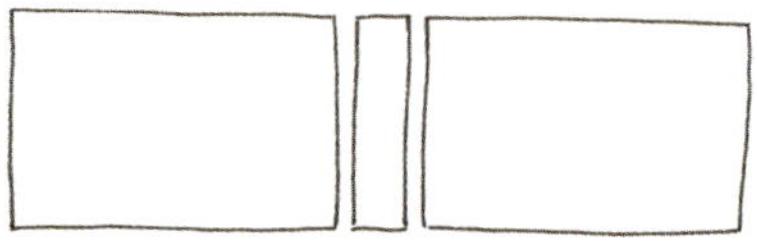

1

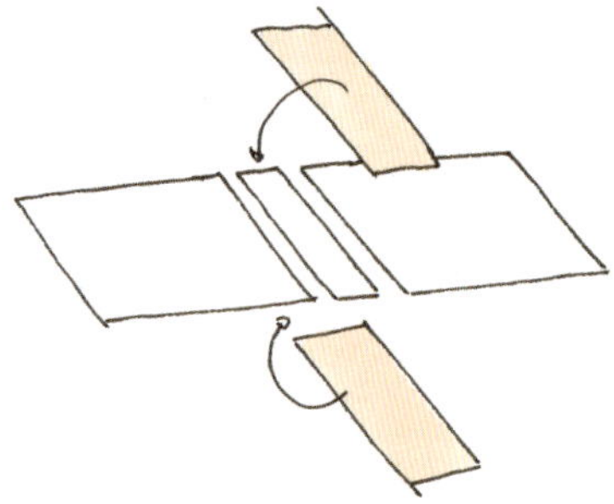

2

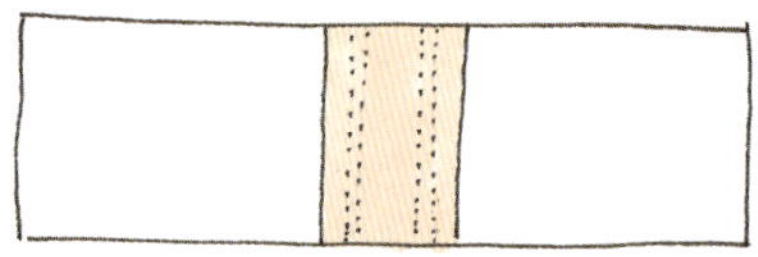

3

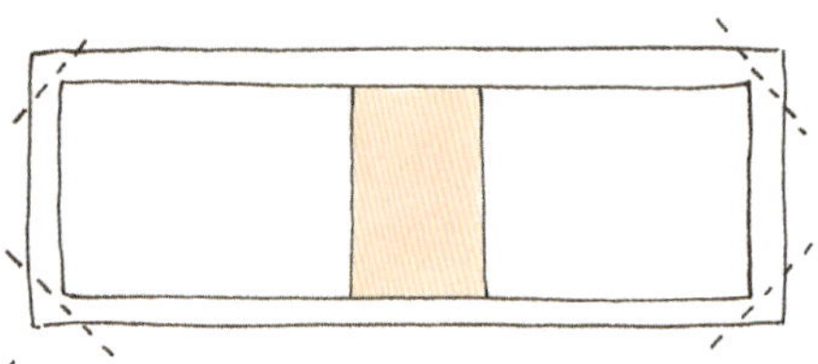

4

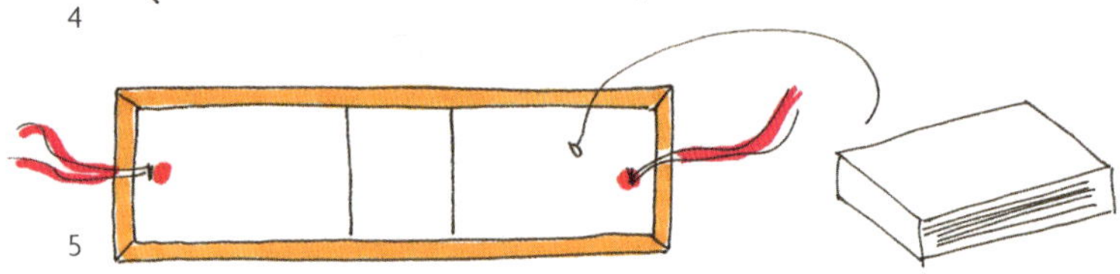

5

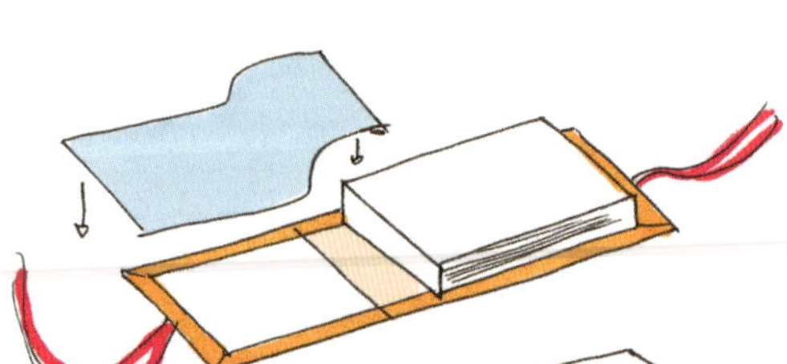

6

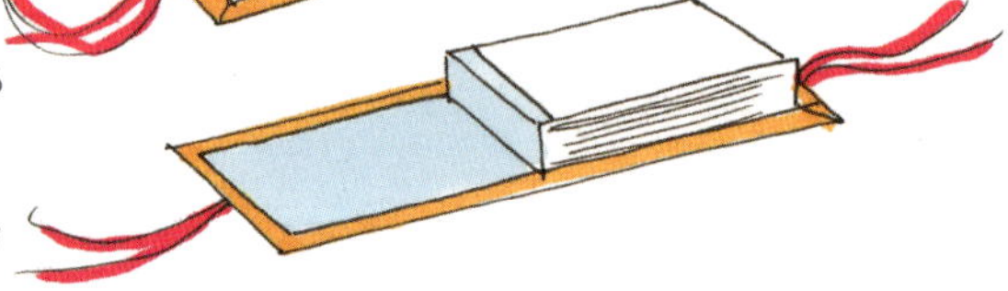

7

Materialien

- 2 große Kartonrechtecke (12 × 18 cm)
- 1 kleines Kartonrechteck (12 × 2 cm)
- 1 fertiger Buchblock mit 15 Seiten (17,5 × 12 cm)
- 1 Rechteck gemustertes japanisches Papier (15 × 41 cm)
- einfarbiges japanisches Papier (12 × 23 cm)
- 2 Streifen Seidenpapier (6 × 12,7 cm)
- 2 farbige Bänder

Werkzeuge und Hilfsmittel

- Vinylklebstoff
- Pinsel
- Cutter
- Lineal

1 Positioniere die Kartonrechtecke wie abgebildet im Abstand von 5 mm nebeneinander.

2 Pinsele einen ersten Seidenpapierstreifen dünn mit Klebstoff ein. Platziere ihn auf der Verbindungsstelle der drei Kartons, um eine Seite des Scharniers herzustellen. Wende die Arbeit und klebe auch den zweiten Streifen auf.

3 Fahre mit einem Lineal die Abstände zwischen den Kartons nach, sodass du die Seidenpapierstreifen in den 5-mm-Lücken mit dem Lineal gut andrückst, damit sie aneinander haften.

4 Pinsele die unbedruckte Rückseite des gemusterten Papiers dünn mit Klebstoff ein und klebe es dann auf die Kartons (das gemusterte Papier sollte rundherum 1,5 cm über die Kartons hinausragen). Schneide die Ecken gemäß den gestrichelten Linien schräg ab, dann falte und klebe die Überstände über die Kartons.

5 Schneide in jedes Seitenende einen Schlitz, fädele die Bänder hindurch und befestige sie mit Klebstoff auf der Innenseite des Covers.

6 Klebe den Buchblock rechts auf die Innenseite des Covers.

7 Klebe das einfarbige japanische Papier links auf den Karton sowie auf den Rücken des Buchblockes und etwa 1 cm darüber hinaus.

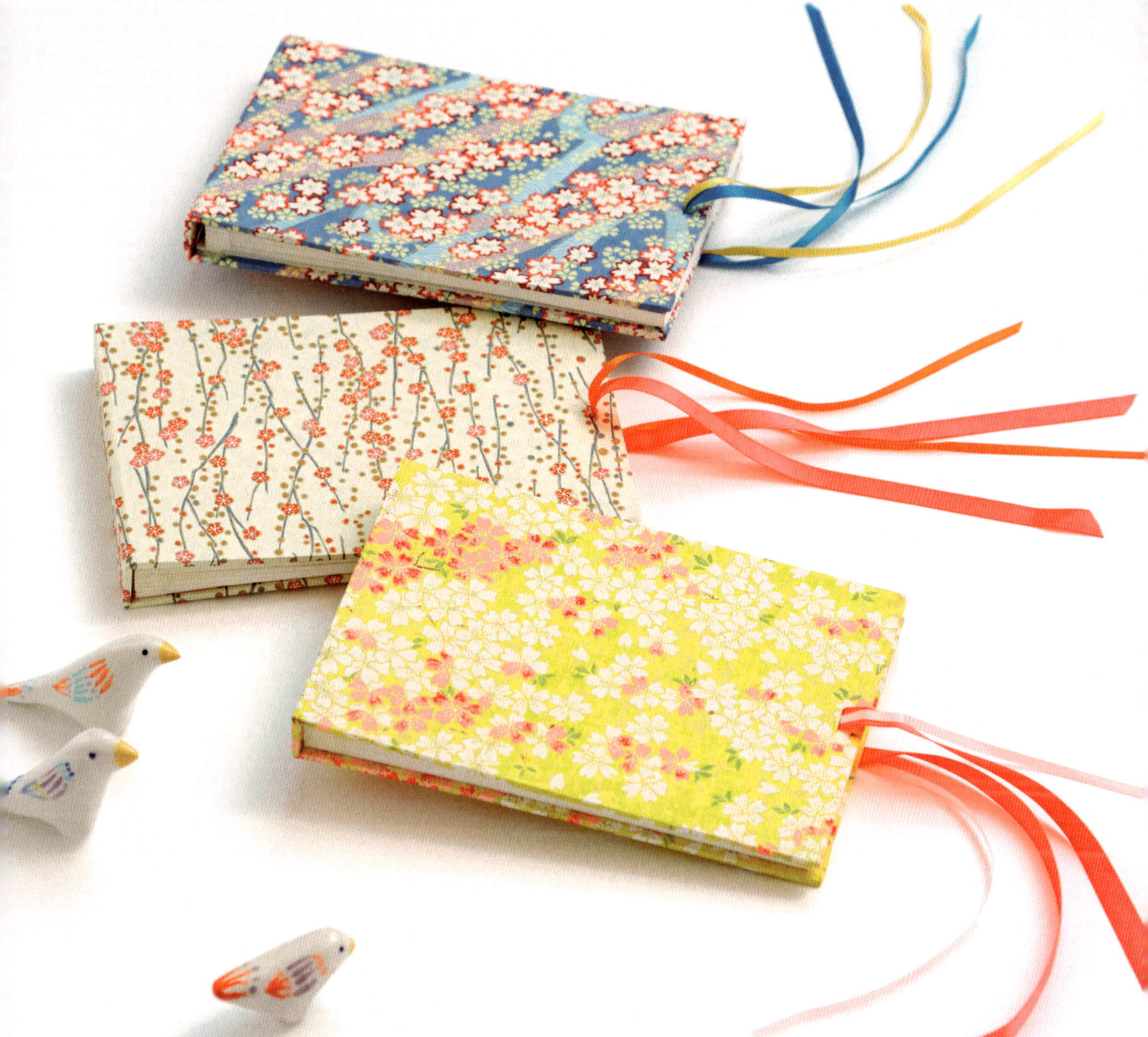

BLÜTENSCHALE

Materialien

- 5 Rechtecke aus gemustertem japanischem Papier (8 × 16 cm für eine kleine Blüte, 11 × 22 cm für eine mittelgroße Blüte, 15 × 30 cm für eine große Blüte)

Werkzeuge und Hilfsmittel

- doppelseitiges Klebeband

1 Lege ein erstes Papierrechteck mit der unbe-druckten Seite nach oben auf die Arbeitsfläche. Markiere die vertikale und horizontale Mittelsenkrechte durch Falze (Falten und Entfalten).

2 Markiere die vertikale Mittelsenkrechte der linken Hälfte gemäß der gestrichelten Linie durch einen Falz.

3 Falte die untere linke Ecke gemäß der gestrichelten Linie.

4 Falte den linken Teil mittig über den rechten.

5 Markiere den mit der gestrichelten Linie angezeigten Falz.

6 Stecke die untere linke Ecke in die Figur hinein, indem du die zuvor markierte Faltung umkehrst.

7 Falte den rechten Teil der oberen Falte in die Figur hinein.

8 Falte die obere linke Ecke gemäß der gestrichelten Linie.

9 Falte die Figur in zwei Hälften, indem du den unteren Teil der Faltung hinter den oberen steckst.

10 Markiere den mit der gestrichelten Linie angezeigten Falz.

11 Markiere den mit der gestrichelten Linie angezeigten Falz.

12 Falte die untere rechte Ecke gemäß der gestrichelten Linie.

13 Falte den unteren rechten Teil gemäß der gestrichelten Linie.

14 Öffne die Figur leicht. Ein Blütenblatt ist fertig.

15–17 Stelle vier weitere Blütenblätter her. Stecke alle fünf Blütenblätter ineinander und klebe sie mit doppelseitigem Klebeband fest.

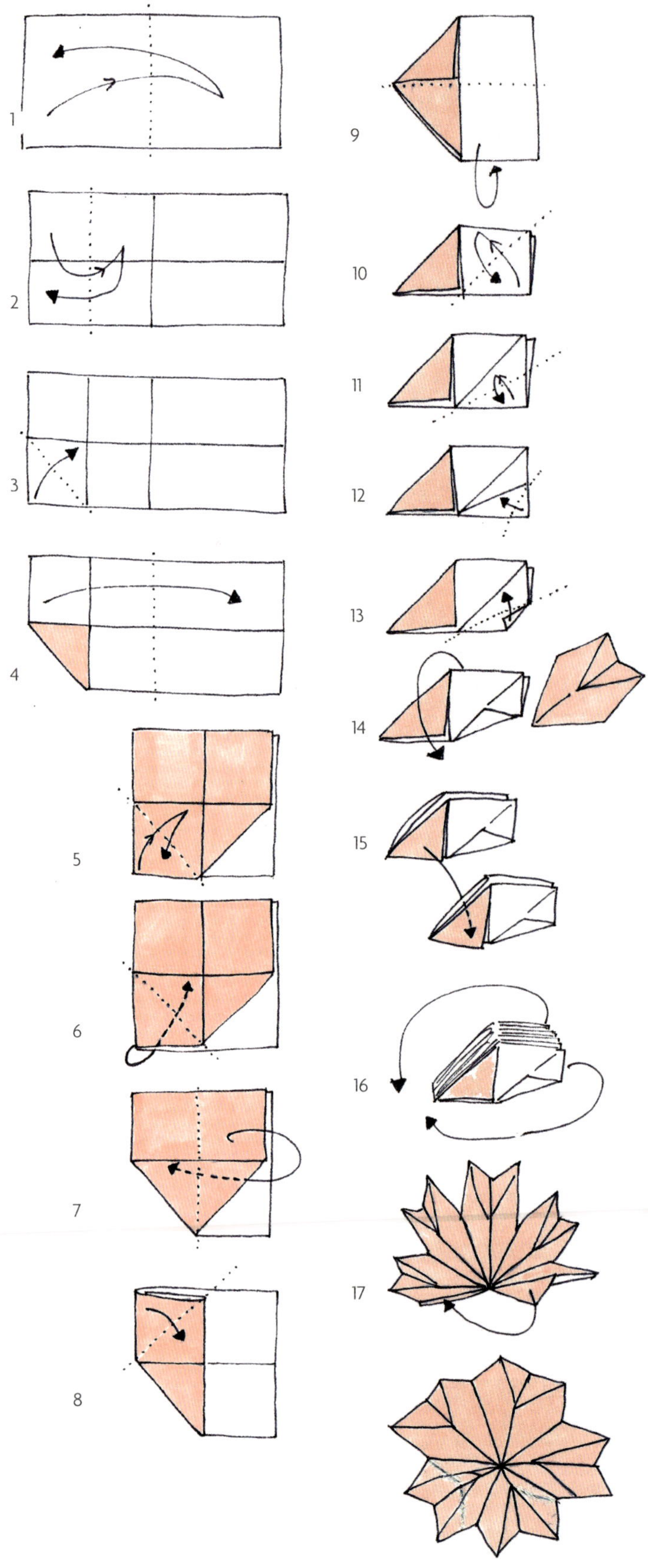

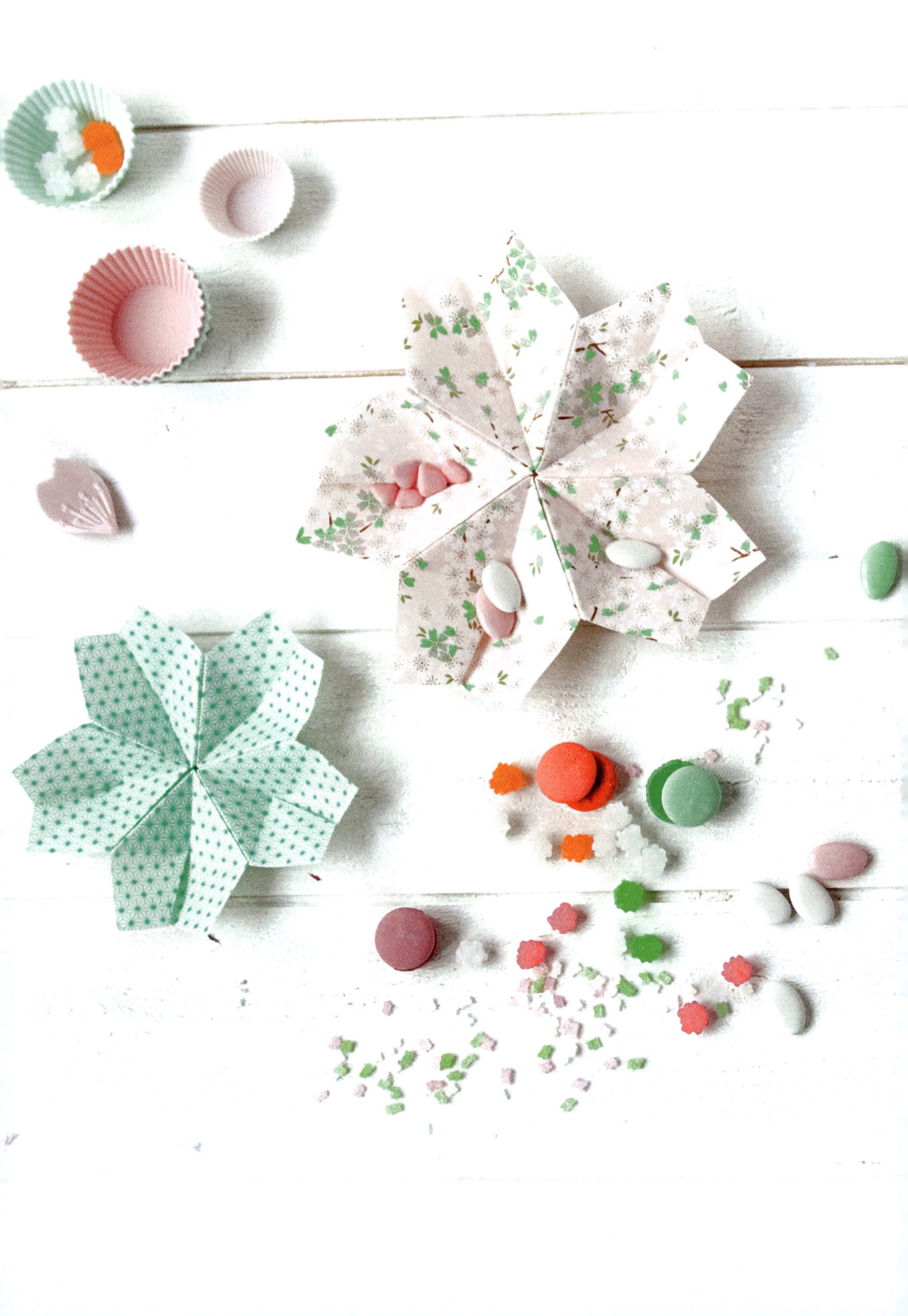

DREIECKS-TÜTCHEN

Materialien

- 1 Rechteck buntes Japan- oder Origami-Papier (15 × 15 cm)
- Bonbons oder andere kleine Überraschungen

Werkzeuge und Hilfsmittel

- Bürotacker und Heftklammern
- Bleistift

1 Markiere die vertikale Mittelsenkrechte mit einem Falz.

2 Falte die beiden Seiten nach hinten zu diesem Falz.

3 Falte die obere Kante zweimal, sodass eine etwa 0,5 cm überlappende Faltung entsteht.

4 Tackere diese Faltung mit einer Heftklammer fest. Fülle die Bonbons oder eine andere kleine Überraschung in die Tüte.

5 Drücke die beiden Enden der anderen Kante zur Mitte hin zusammen, sodass sich ein Dreiecksvolumen bildet, und falte auch hier die Enden zweimal übereinander, sodass eine etwa 0,5 cm überlappende Faltung entsteht.

6 Fixiere auch diese Faltung mit einer Heftklammer.

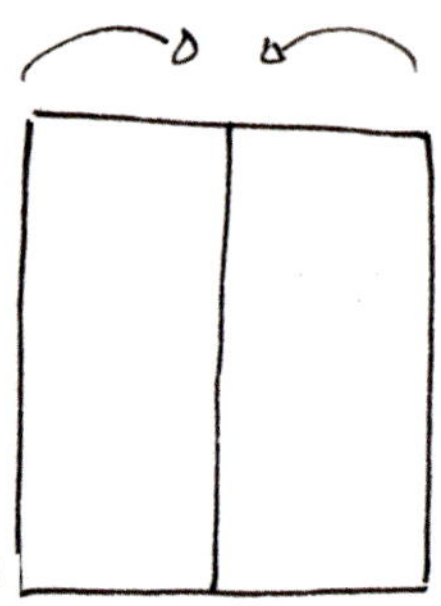

1

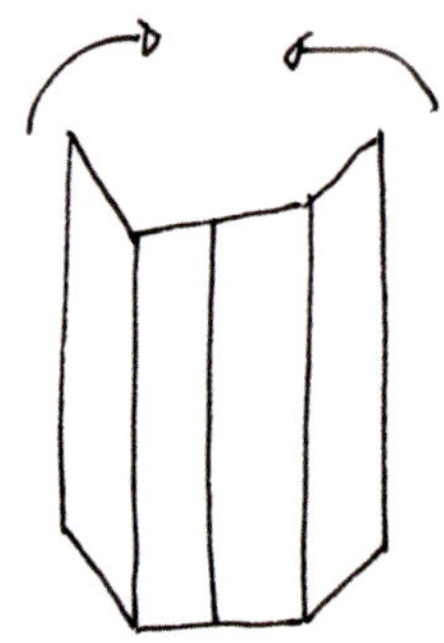

2

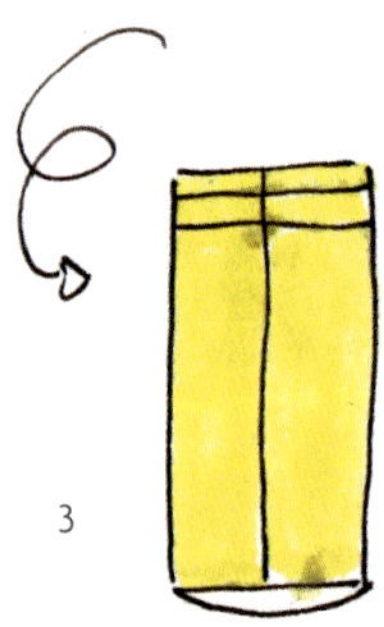

3

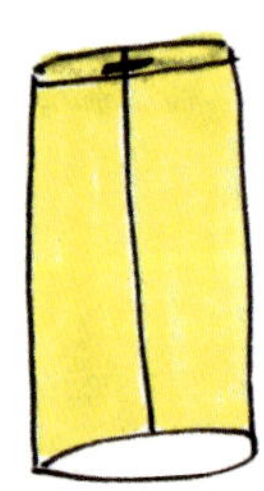

4

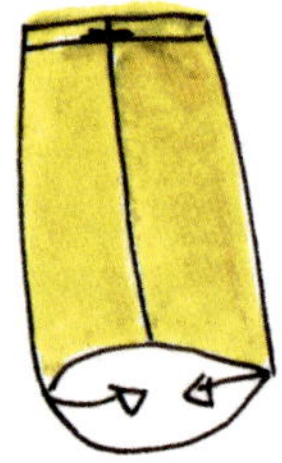

5

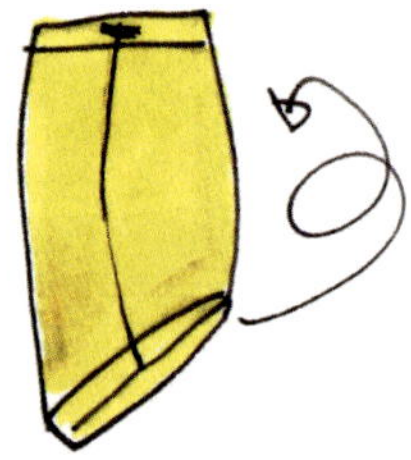

6

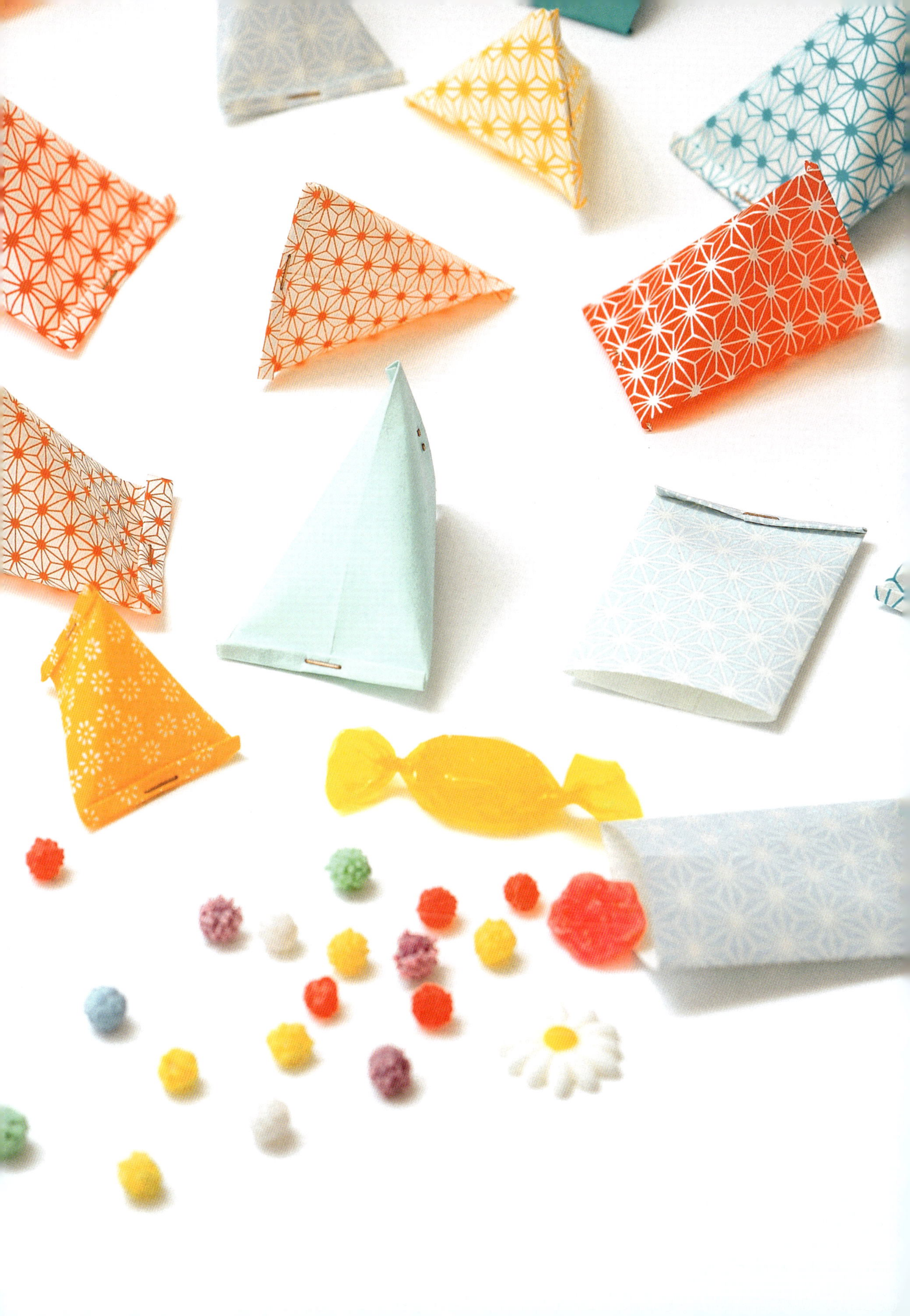

LOTUSBLÜTE

Materialien

- 1 Quadrat einfarbiges oder gemustertes japanisches Papier (27 × 27 cm für einen Lotus von etwa 12 × 12 cm Größe)

1 Richte das Papier normal aus (mit der farbigen Seite nach unten). Markiere die Mittelsenkrechten und Diagonalen durch Falze gemäß den gestrichelten Linien.

2 Falte die vier Ecken zum Mittelpunkt.

3 Drehe die Figur um 90 Grad. Falte erneut die vier Ecken zum Mittelpunkt. Wende die Figur.

4 Falte die vier Spitzen gemäß den gestrichelten Linien, um kleine Dreiecke zu bilden. Wende die Figur.

5 Greife eine der Spitzen an der Unterseite der Figur und ziehe sie vorsichtig nach oben, um die Faltung umzukehren und ein nach oben gerichtetes, schüsselförmiges Blütenblatt zu formen. Ziehe die anderen drei Blütenblätter auf die gleiche Weise hoch und bringe sie in gute Form.

6–7 Greife eine weitere Spitze an der Unterseite der Figur und ziehe sie vorsichtig nach oben, um die Faltung umzukehren. Ziehe die anderen drei Blütenblätter auf die gleiche Weise hoch und bringe sie in gute Form. Die Lotusblüte ist fertig.

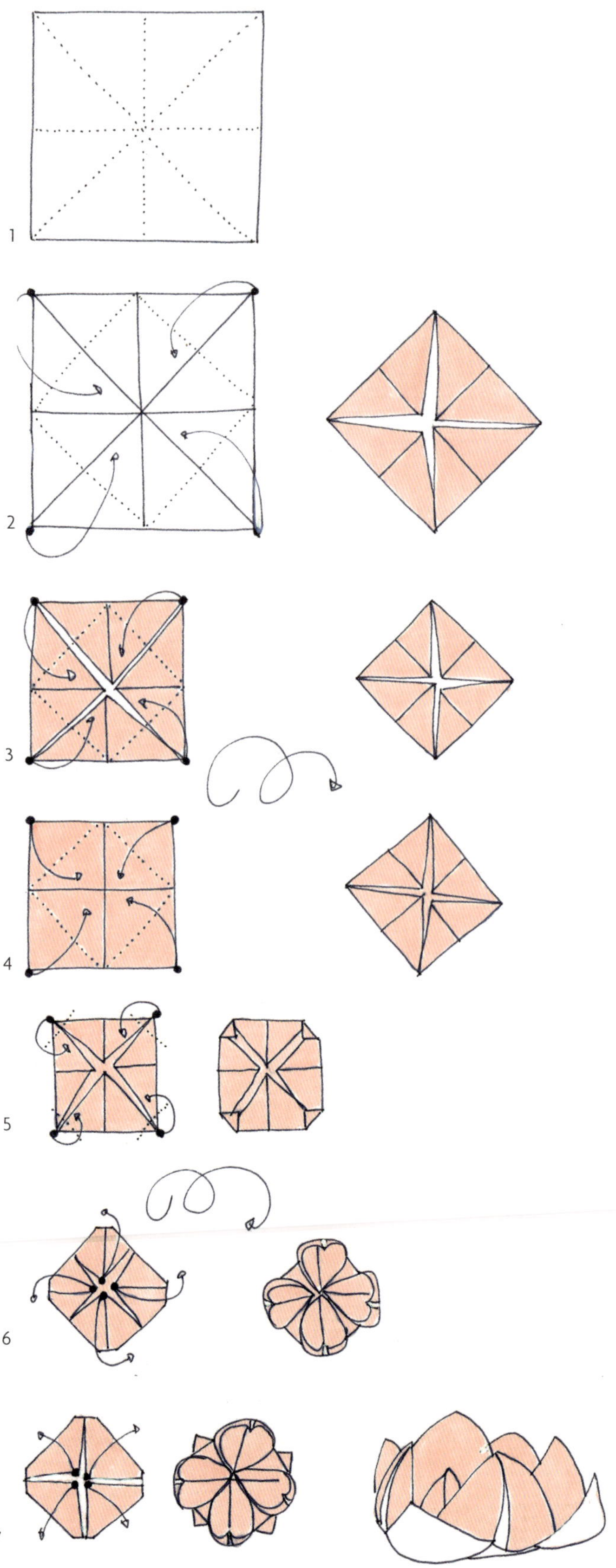

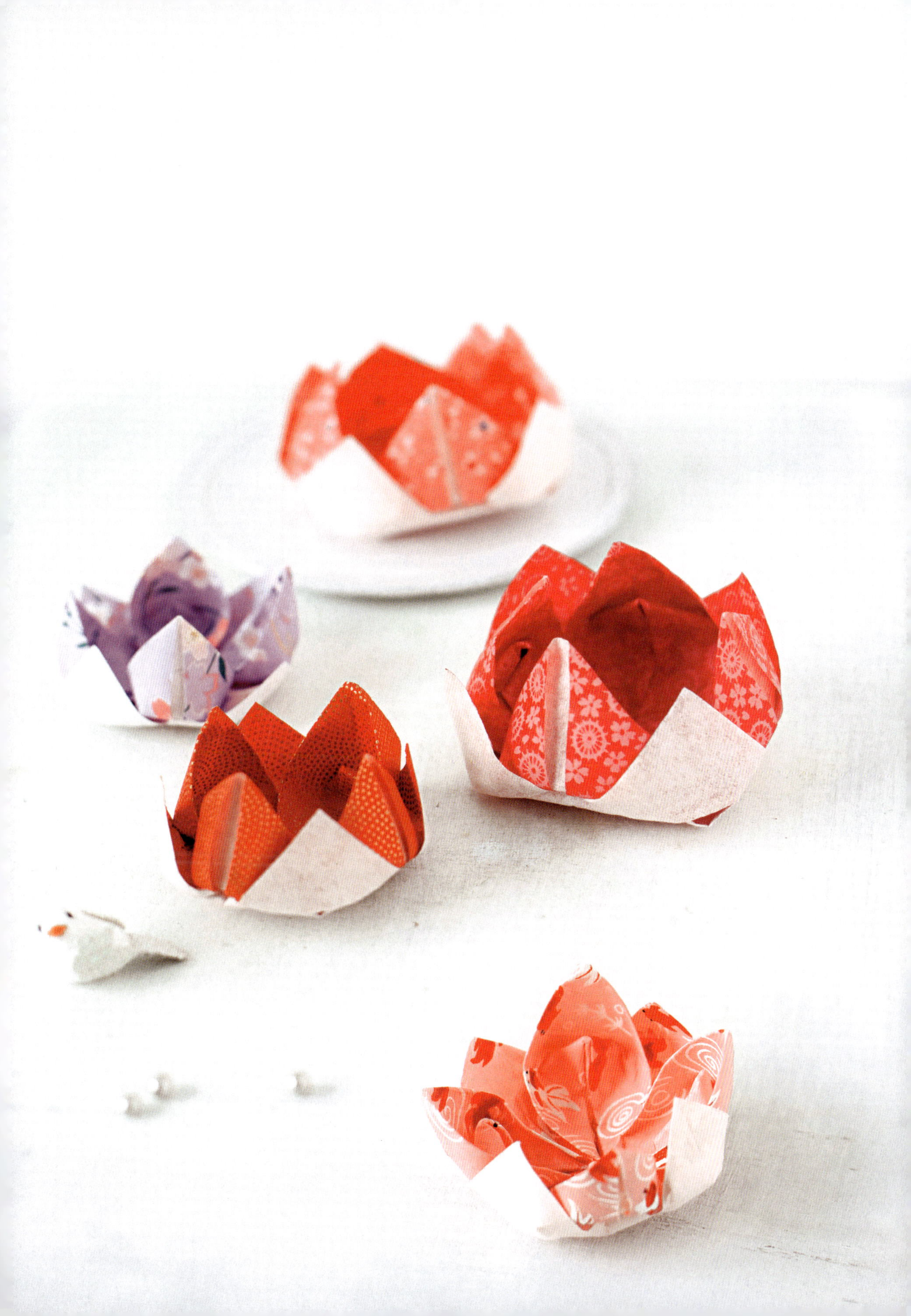

WEIHNACHTSKUGEL

Materialien

- 12 Quadrate gemustertes japanisches Papier (6 × 6 cm)
- goldfarbenes Garn
- 1 Glöckchen mit Öse

Werkzeuge und Hilfsmittel

- Nähnadel

1 Falte ein erstes Papierquadrat entlang der vertikalen Mittellinie, falte die linke und die rechte Seite in zwei Hälften und lege das entfaltete Papier dann mit der unbedruckten Seite nach oben auf die Arbeitsfläche.

2 Falte die obere rechte Ecke gemäß der gestrichelten Linie.

3 Falte dann den rechten Teil des Blattes über die Eckfaltung und folge dabei dem ersten Falz.

4 Falte die untere rechte Ecke gemäß der gestrichelten Linie.

5 Falte die untere linke Ecke gemäß der gestrichelten Linie.

6 Falte den linken Teil gemäß der gestrichelten Linie.

7 Falte die obere linke Ecke gemäß der gestrichelten Linie.

8 Ziehe den oberen rechten Teil gemäß der gestrichelten Linie auf den unteren Teil.

9 Falte gemäß den gestrichelten Linien.

10 Fertige aus den anderen elf Papierquadraten auf die gleiche Weise Figuren an und stecke sie dann ineinander, sodass eine Kugelform entsteht. Schiebe hierfür jeweils eine Spitze einer Figur in die Mittelfaltung einer anderen (A und B), sodass sie gut ineinandergreifen (C). Befestige das Glöckchen mit Nadel und Garn unten an der Kugel. Befestige einen Aufhänger aus Garn oben an der Kugel.

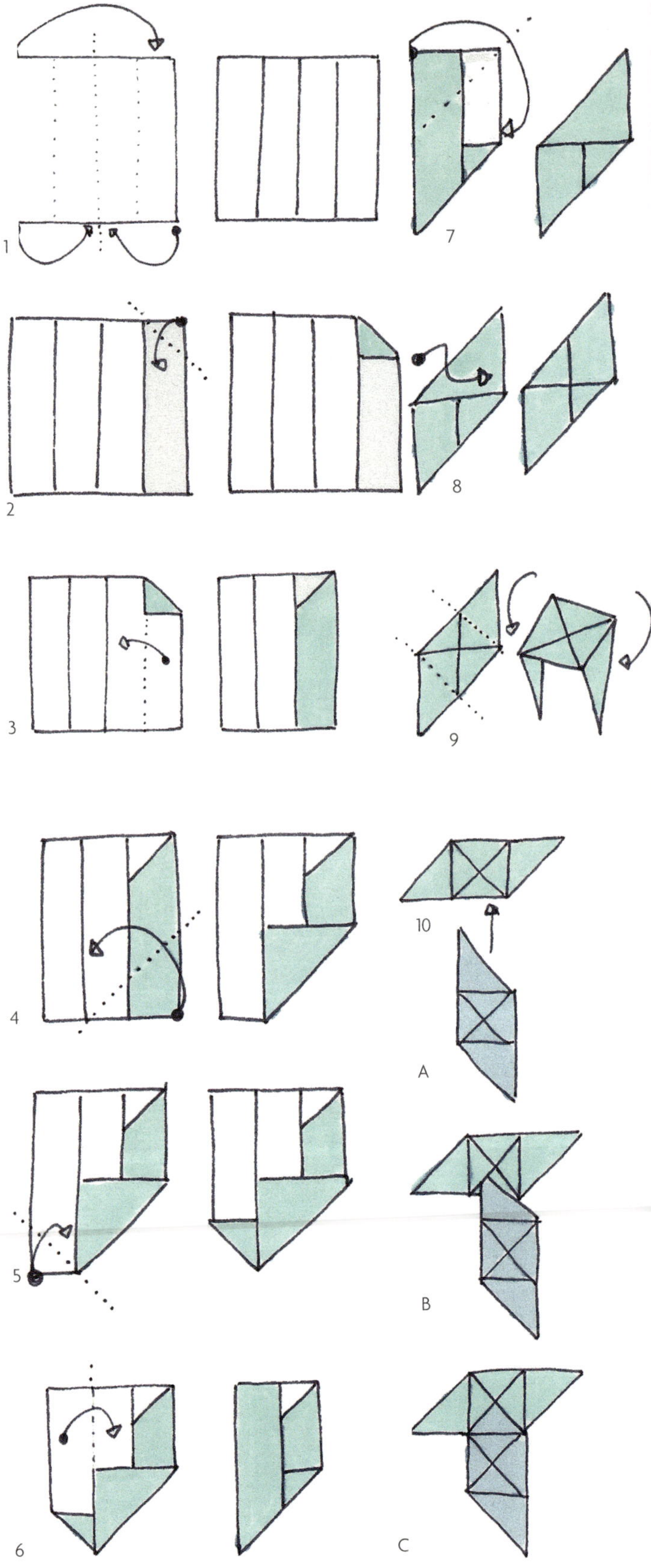

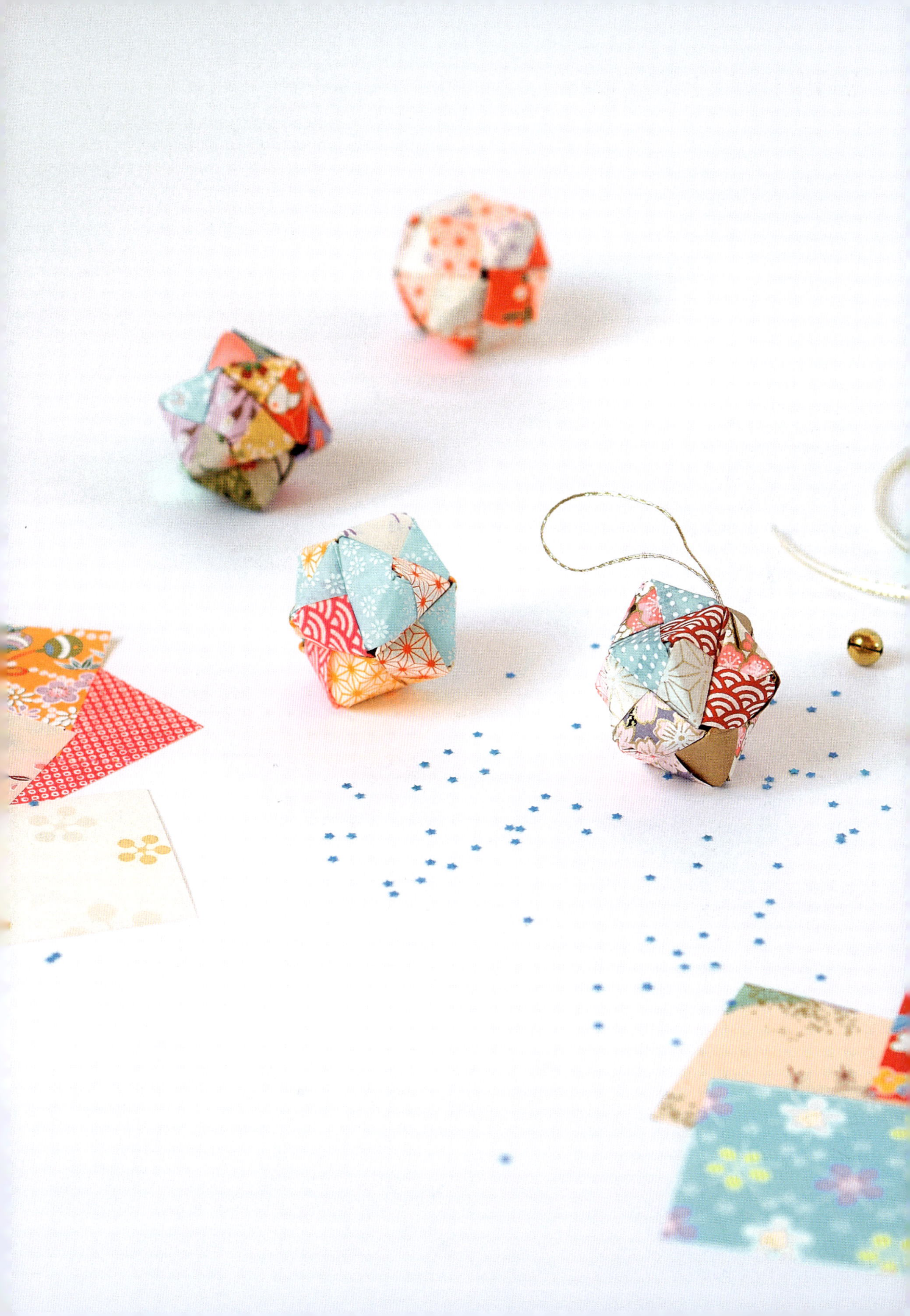

BUNTE TEEBOX

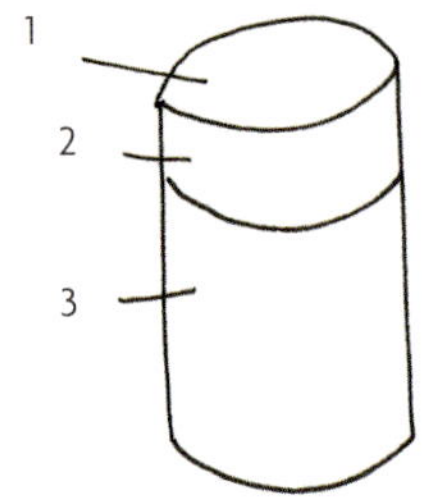

Materialien

- 1 Blatt gemustertes japanisches Papier (21 × 29,7 cm)
- 1 Metall-Teedose

Werkzeuge und Hilfsmittel

- Vinylklebstoff
- Pinsel
- Schere
- Lineal
- Bleistift
- Maßband

1 Zeichne den Umriss des Deckels der Metalldose auf dem Papier nach und zeichne eine zweite Umrisslinie 1 cm von der ersten entfernt. Schneide die Form entlang dieser zweiten Linie aus, dann bringe rundherum mit kleinen Abständen 1 cm tiefe Einschnitte an. Klebe das Papier auf den Deckel und falte dabei den eingekerbten Teil am Rand vorsichtig um.

2 Messe die Höhe des Deckels mit dem Maßband ab und anschließend seinen Umfang. Rechne dabei 5 mm hinzu, um ein perfektes Finish zu erzielen. Zeichne das Rechteck auf das Papier und schneide die Form aus. Pinsele die unbedruckte Seite dünn mit Klebstoff ein und klebe das Rechteck an die Seite des Deckels.

3 Messe die Höhe und den Umfang der Dose ab und gehe dann genauso vor wie beim Rechteck der Deckelhöhe.

1

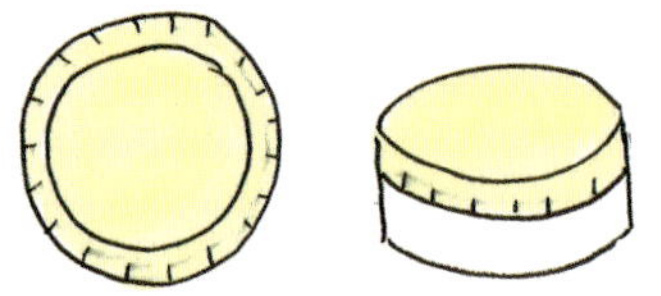

2

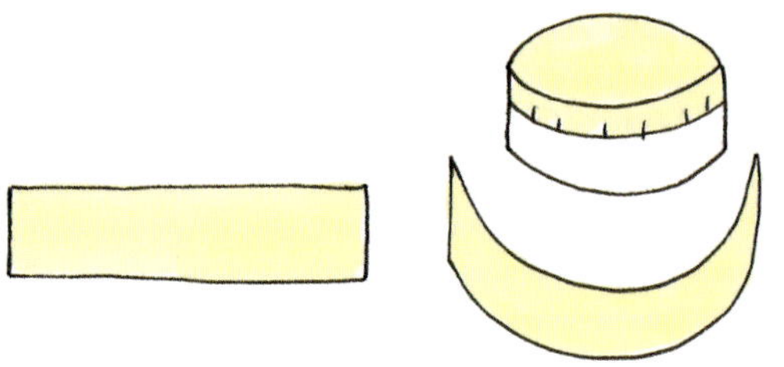

3

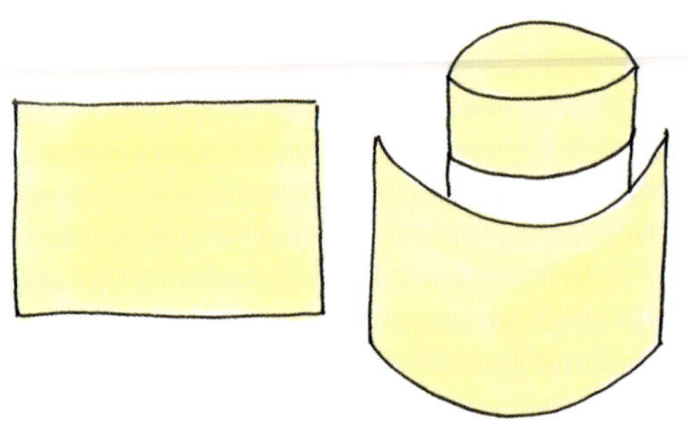

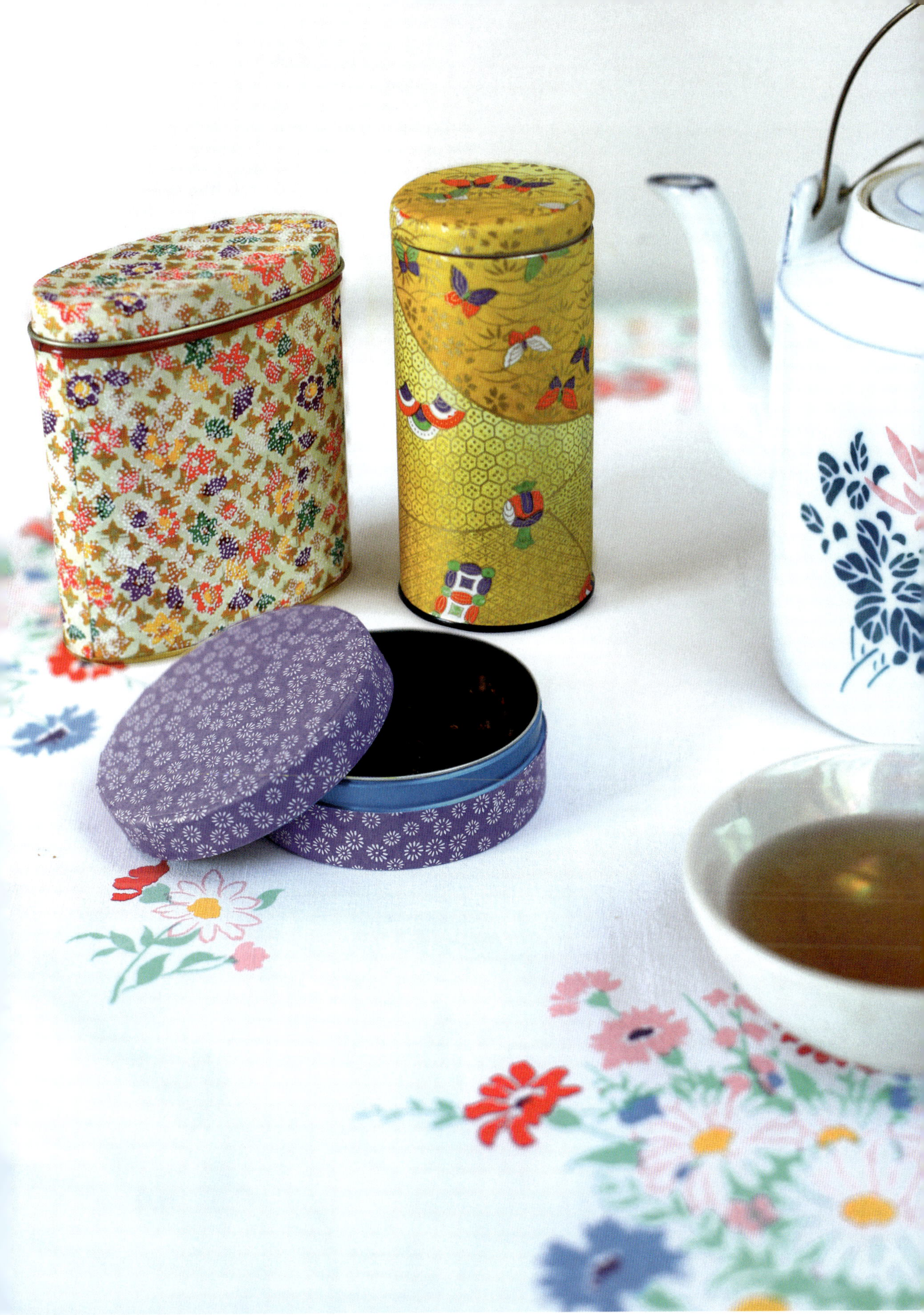

UMSCHLAG UND KARTE

Materialien

- 1 Rechteck aus weißem Papier (30 × 15 cm, Stärke 300 g/m²)
- Reste von gemustertem japanischem Papier
- 1 Blatt gemustertes japanisches Papier (27 × 27 cm)
- 8 kleine Aufkleber
- 1 größerer Aufkleber
- 40 cm farbiges Band (5 mm breit)

Werkzeuge und Hilfsmittel

- Transparentpapier
- Marker
- Tubenkleber
- Lineal
- Bleistift
- Schere

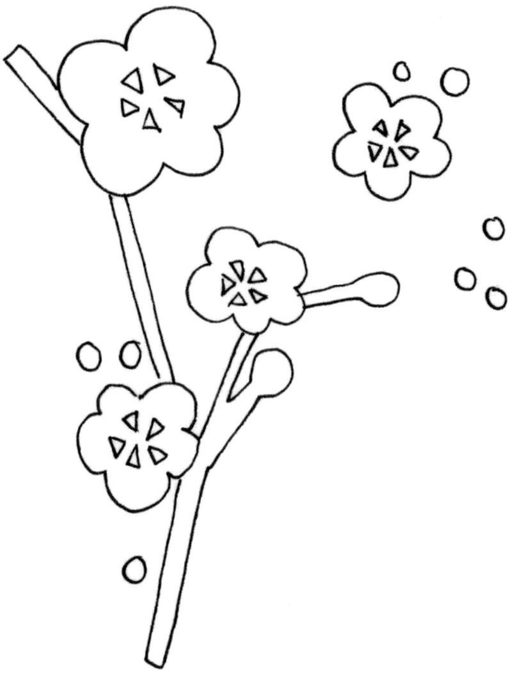

1 Falte das weiße Papier in der Mitte, sodass eine quadratische Karte entsteht.

2 Zeichne die Blumen- und Zweig-Vorlage von Seite 76 auf Transparentpapier.

3 Schneide die Blumen- und Zweigformen aus und übertrage die Umrisse auf die Reste von gemustertem japanischem Papier. Schneide die Formen aus und klebe sie auf die Karte. Verziere die Karte mit kleinen Aufklebern und schreibe eine nette Grußbotschaft auf oder in die Karte.

4 Falte das Band in der Mitte, lege es mittig zum Bund in die Karte und fixiere es außen mit einem Knoten.

5 Zeichne für den Umschlag die rechts abgebildete Form mit Lineal und Bleistift in den angegebenen Maßen auf das Blatt gemustertes japanisches Papier. Schneide die Form aus.

6 Falte die Teile A, B und C zur Mitte und fixiere sie mit etwas Kleber aneinander. Stecke die Karte in den Umschlag, falte Teil D zur Mitte und fixiere ihn mit einem großen Aufkleber, um den Umschlag zu verschließen.

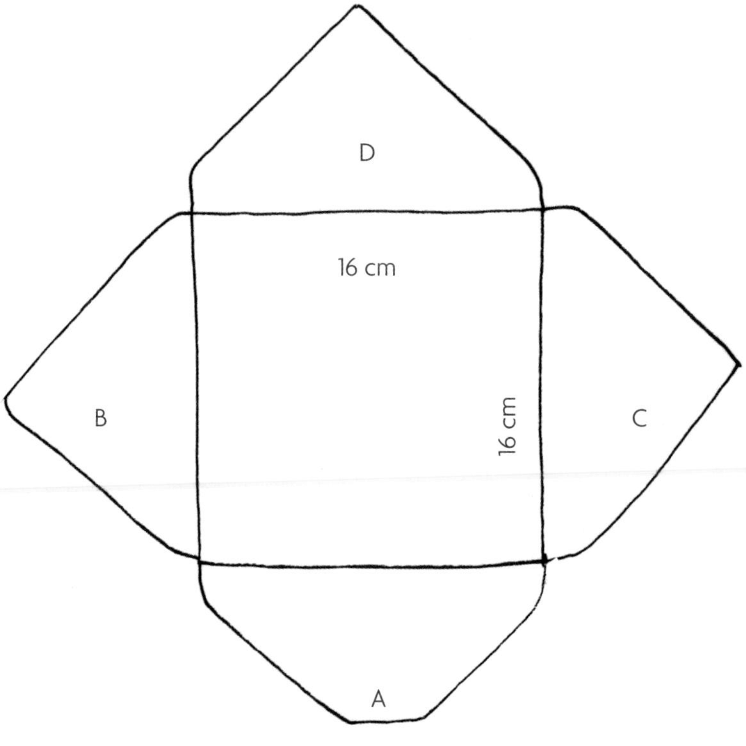

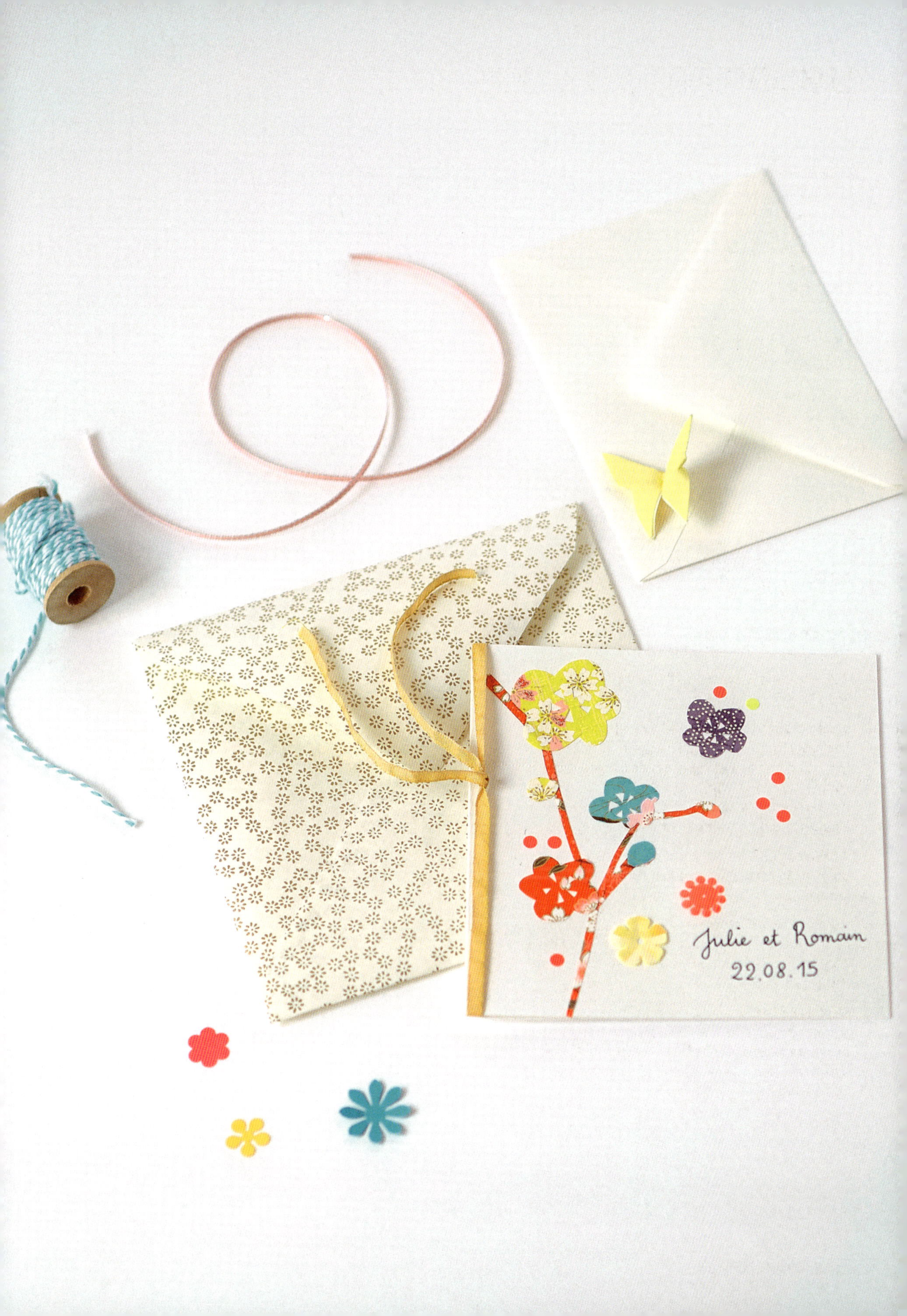
Julie et Romain
22.08.15

WANDSCHMUCK

Materialien

- Quadrate aus gemustertem japanischem Papier in verschiedenen Formaten (7 × 7 cm, 5 × 5 cm, 10 × 10 cm, 15 × 15 cm ...)
- Musterbeutelklammern (1 pro Blume)

Werkzeuge und Hilfsmittel

- Schere
- Bleistift
- Lochstanzer

1 Falte ein erstes Papierquadrat gemäß den gestrichelten Linien in den Mittelsenkrechten.

2 Falte das entstandene kleinere Quadrat gemäß der gestrichelten Linie in der Diagonalen.

3 Zeichne die Form eines Blütenblatts anhand der nebenstehenden Beispiele auf die Faltung.

4 Schneide die Form aus und entfalte sie, um eine Blütenform zu erhalten.

5 Fertige weitere Blütenformen unterschiedlicher Größe an.

6 Stapele je zwei, drei, vier oder fünf Blütenformen übereinander, mit der größten unten beginnend und nach oben hin immer kleiner werdend.

7 Stanze mit dem Locher ein Loch in die Mitte jedes Stapels.

8 Fixiere jeden Stapel mit einer Musterbeutelklammer.

9 Verziere mit den fertigen Blumen eine Wand in deinem Zuhause.

1
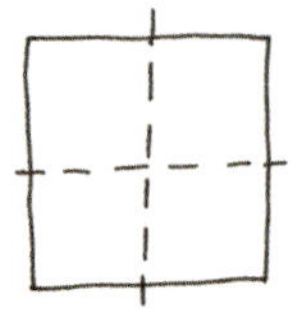

2
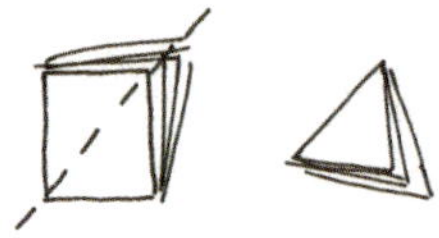

3

7
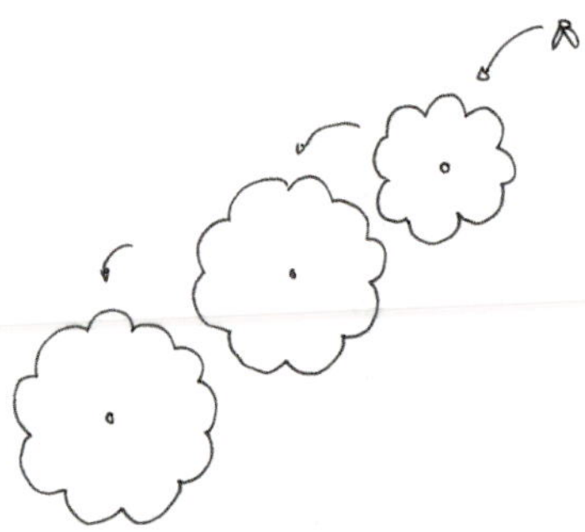

8

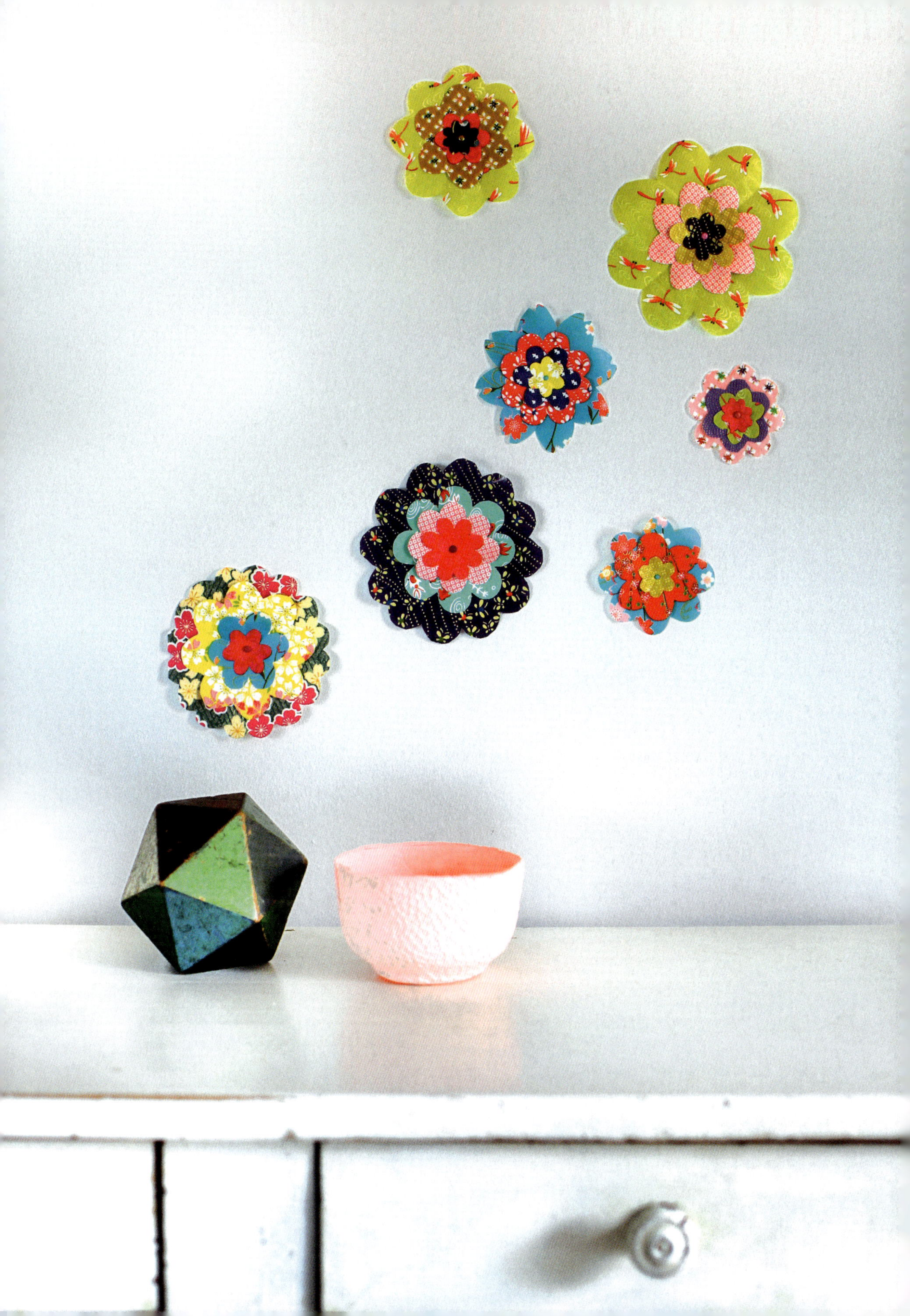

TO-DO-NOTIZHEFT

Materialien (für 1 Heft im Format 14,5 × 21 cm)

- 1 Blatt gemustertes japanisches Papier (30,5 × 23 cm)
- 1 Notizbuch (14 × 21 cm)
- 2 Blatt einfarbiges japanisches Papier (13,5 × 20 cm)
- 1 Streifen einfarbiges japanisches Papier (2 × 21 cm)

Werkzeuge und Hilfsmittel

- Vinylklebstoff
- Pinsel
- Schere

1 Pinsele die unbedruckte Seite des gemusterten japanisches Papiers dünn mit Klebstoff ein. Platziere das aufgeklappte Notizbuch mit den Coverdeckeln nach unten mittig darauf und entferne durch Glattstreichen Luftblasen. Schneide die Ecken des japanischen Papiers schräg ab und falte die überstehenden Kanten um die Coverdeckel des Notizbuchs.

2 Pinsele die beiden einfarbigen Papiere dünn mit Klebstoff ein und klebe sie auf die Innenseiten der bezogenen Coverdeckel. Drücke sie gut an und entferne durch Glattstreichen Luftblasen.

3 Pinsele den Papierstreifen mit Klebstoff ein und klebe ihn mittig auf den Buchrücken. Passe ihn durch Abschneiden in der Länge genau an die Covermaße an.

1

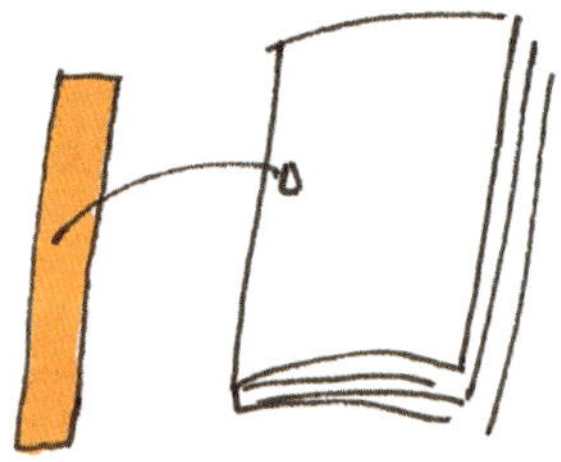

2

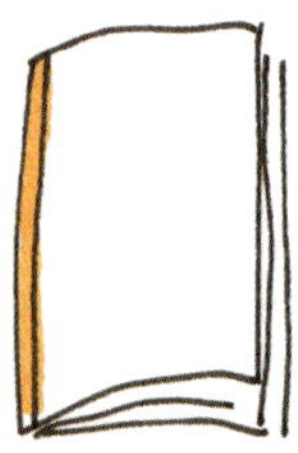

3

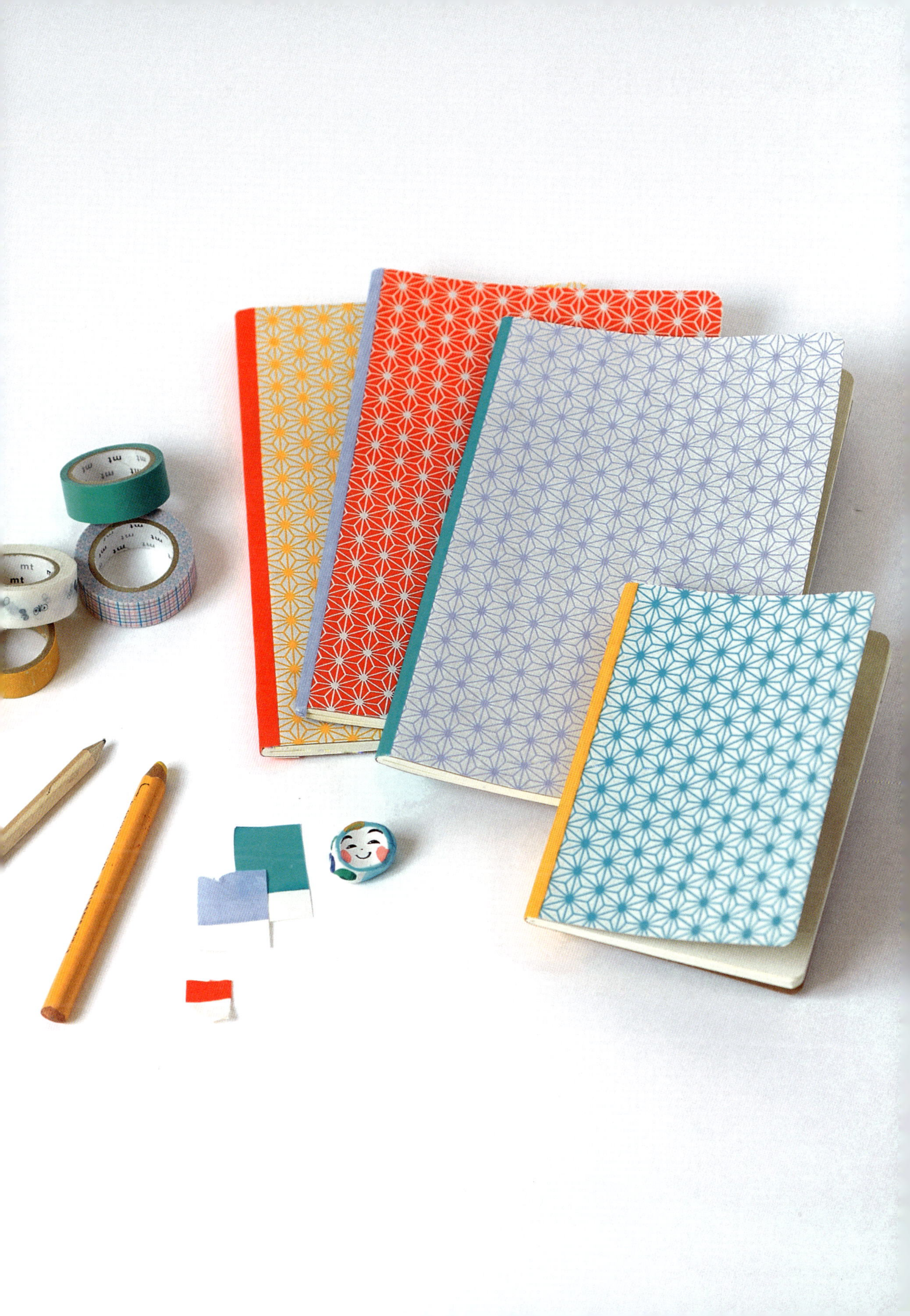
mt

BLUMEN-BOUQUET

Materialien

- Krepppapiere in den gewünschten Farben
- künstliche Staubblätter in den gewünschten Farben
- künstliche Blumenstiele
- hellgrünes Floristenband
- 1 recycelte Flasche

Werkzeuge und Hilfsmittel

- Bleistift
- Transparentpapier
- Schere

1 Für eine erste Blume gruppiere etwa zwanzig Staubblätter zu einem Bündel und befestige sie mit Floristenband an einem Blumenstiel.

2 Zeichne die Blütenblattschablone von Seite 75 auf Transparentpapier und schneide sie aus. Übertrage sie viermal auf Krepppapier und schneide die Blütenblattformen aus.

3 Lege den Blumenstiel mit den Staubblättern auf eine Blütenblattform und achte darauf, dass die Staubblätter nicht aus dem Blütenblatt herausragen. Rolle die Unterkante der Blütenblattform zwischen den Fingern, um sie fest um den Stiel zu wickeln. Bringe ein zweites Blütenblatt an, etwas nach rechts versetzt.

4 Bringe auch die beiden anderen Blütenblattformen an, jeweils etwas nach rechts versetzt, sodass sie die Staubblätter rundherum einrahmen.

5 Fixiere die Basis der Blütenblätter mit Floristenband am Blumenstiel und umwickele den gesamten Stiel mit Floristenband.

6 Bringe die Blütenblätter in Form, indem du sie ein wenig aufplusterst, um die Staubblätter sichtbar zu machen. Eine erste Blume ist fertig. Fertige auch die restlichen Blumen an und arrangiere sie in einer Flasche.

1

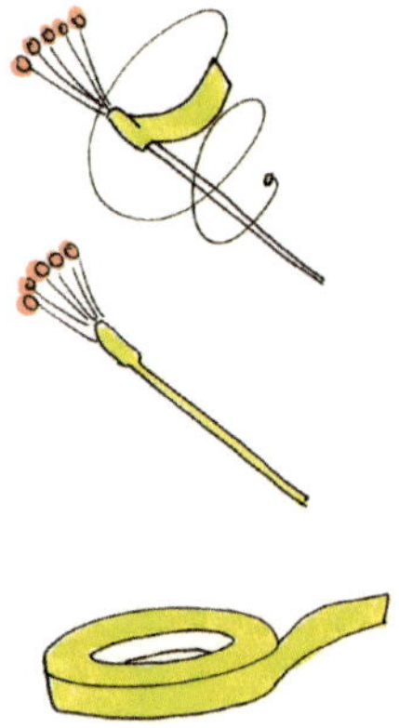

2

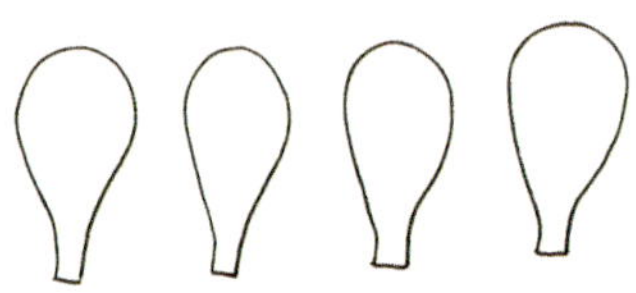

3

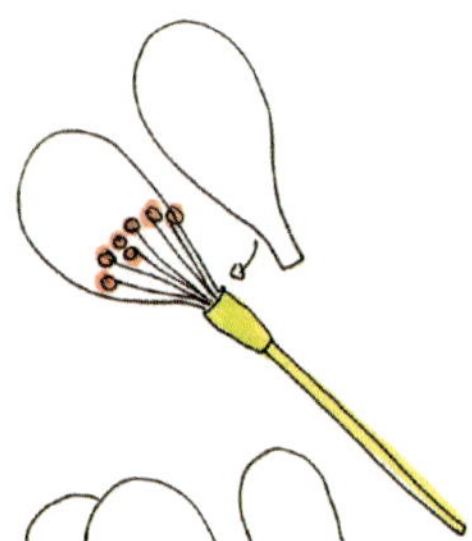

4

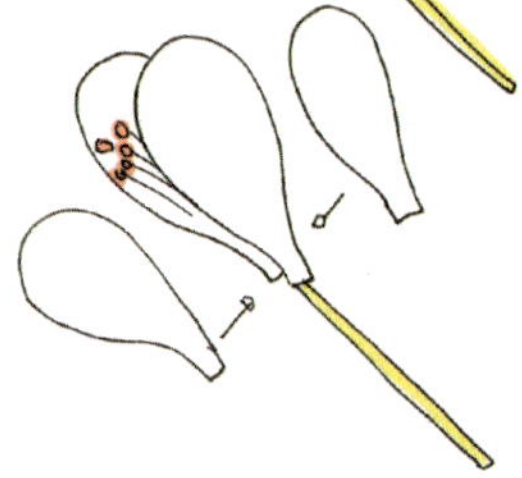

5

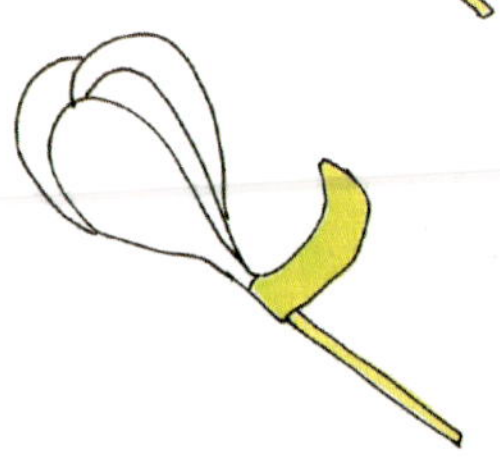

6

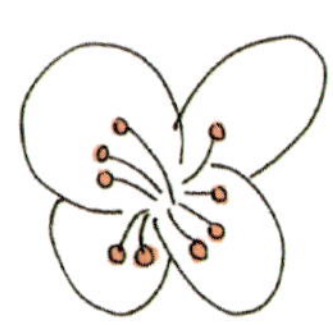

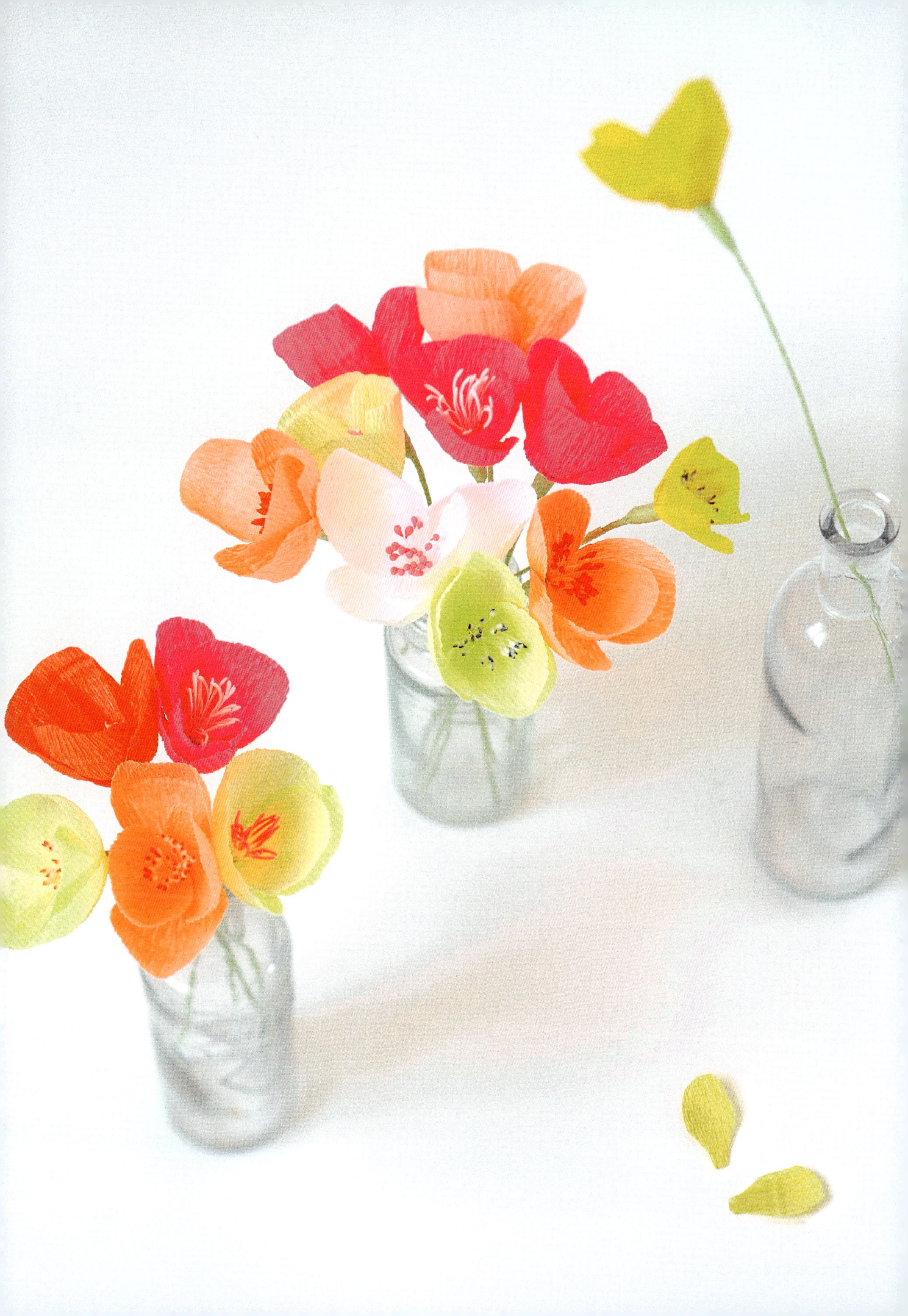

BUNTE LUNCHBOX

Materialien

Große Box:

- 1 Quadrat gemustertes japanisches Papier (39 × 39 cm für den Boden)
- 1 Quadrat gemustertes japanisches Papier (40 × 40 cm für den Deckel)

Kleine Box:

- 1 Quadrat gemustertes japanisches Papier (9,5 × 9,5 cm für den Boden)
- 1 Quadrat gemustertes japanisches Papier (10 × 10 cm für den Deckel)

1 Lege das 39×39-cm-Papierquadrat mit der bedruckten Seite nach unten auf die Arbeitsfläche. Markiere die Mittelsenkrechten mit Falzen. Falte die vier Ecken zum Mittelpunkt.

2 Drehe die Figur um 90 Grad und falte jeweils die Ober- und Unterkante zur Mitte gemäß den gestrichelten Linien.

3 Entfalte die Faltungen von Schritt 2.

4 Falte die linke und rechte Seitenkante der Figur gemäß den gestrichelten Linien zur Mitte.

5 Entfalte die Faltungen von Schritt 4.

6 Klappe das linke und rechte Seitendreieck auf.

7 Du hast nun diese Figur vorliegen.

8 Hebe die Ober- und Unterseite der Figur vertikal an und falte sie gemäß den gestrichelten Linien.

9 Hebe die Seiten an und achte darauf, die zuvor markierten Falze zu nutzen.

10 Falte den oberen Teil der Seiten zur Innenseite.

11 Befolge die Schritte 1 bis 10, um aus dem 40×40-cm-Papierquadrat den Deckel herzustellen.

12 Deine Box ist fertig und kann nun nach Wunsch befüllt werden.

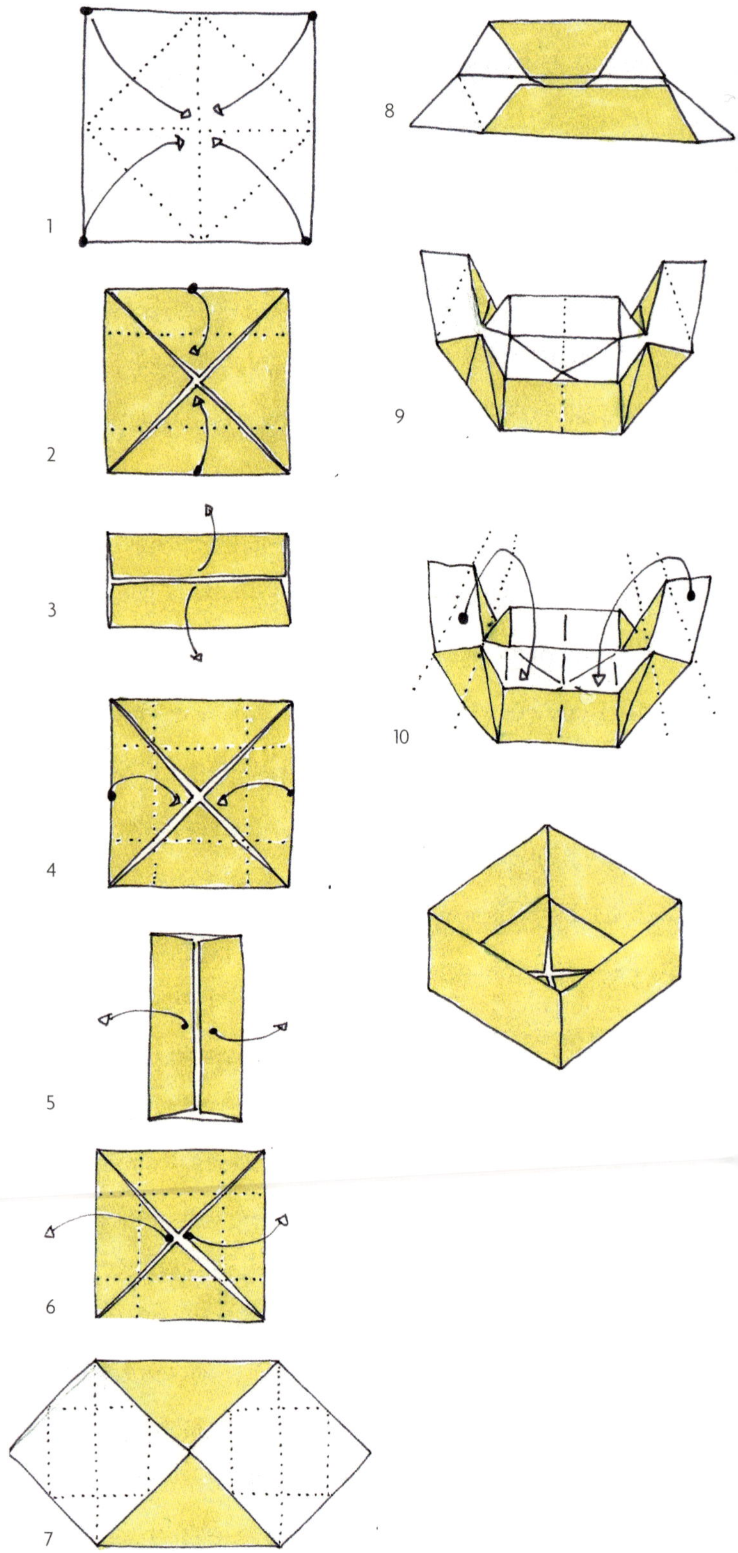

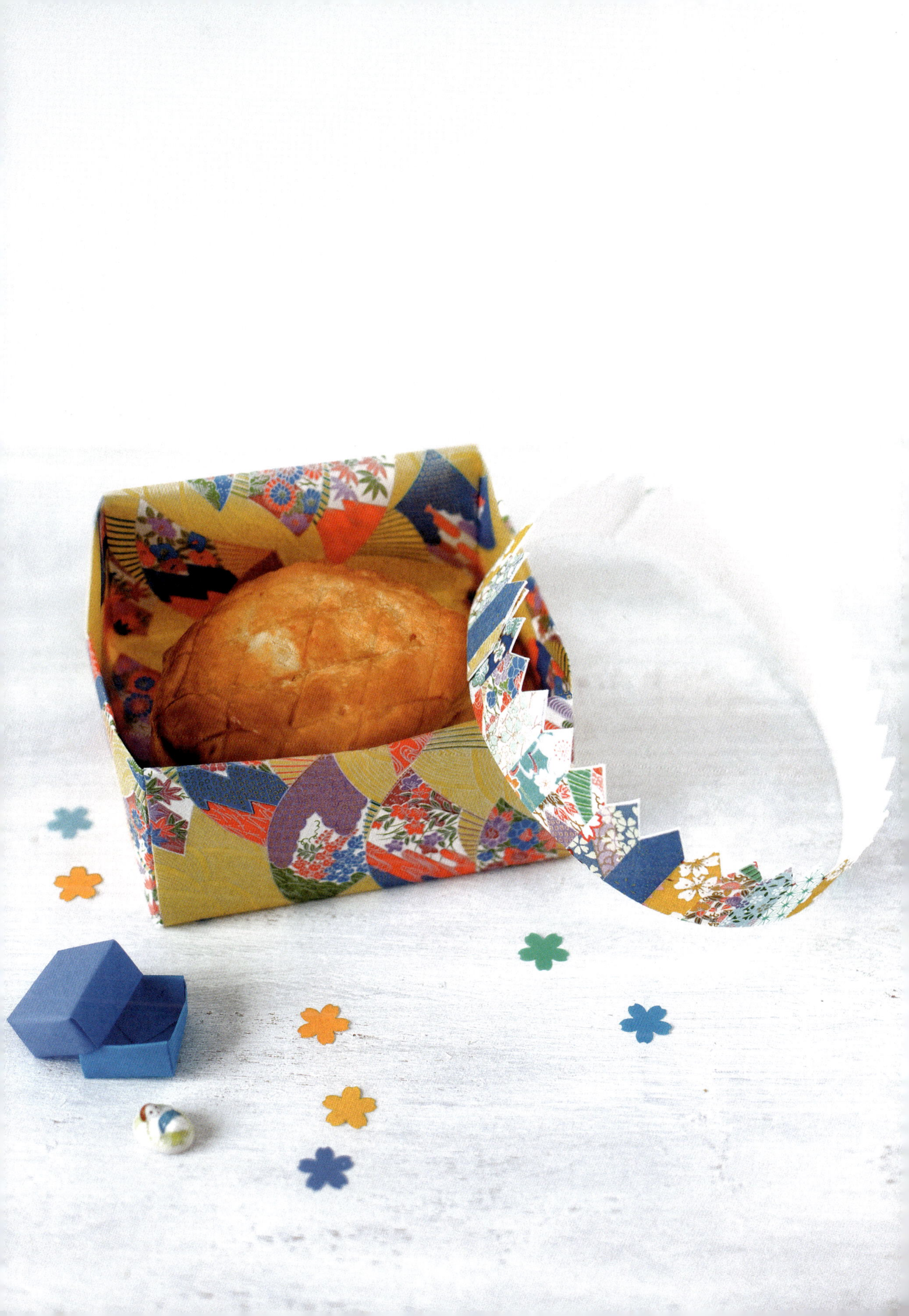

GEBURTSTAGSKARTE

Materialien

- 1 Rechteck weißes Papier (20 × 15 cm, Stärke 300 g/m²)
- 1 Streifen gemustertes japanisches Papier (8 × 15 cm)
- 1 Streifen gemustertes japanisches Papier (1,5 × 15 cm)
- 1 Streifen gemustertes japanisches Papier (5,5 × 15 cm)

Werkzeuge und Hilfsmittel

- Vinylkleber
- Pinsel
- Schere
- Lineal
- Bleistift

1 Falte das weiße Papierrechteck in der vertikalen Mitte, um eine Karte zu erhalten.

2 Zeichne auf der Vorderseite der Karte eine Bleistiftlinie 5,5 cm von der Unterkante entfernt und dann eine zweite 1,5 cm über der ersten Bleistiftlinie.

3 Pinsele die unbedruckte Seite der Streifen aus gemustertem japanischem Papier dünn mit Klebstoff ein, dann klebe die Streifen gemäß den Bleistiftlinien nahtlos aneinander auf die Karte und streiche sie glatt, um Luftblasen zu entfernen.

4 Schneide die überstehenden Papierränder ab. Lasse die Collage liegend trocknen, indem du sie unter einem Gewicht (z. B. einem Buch) presst.

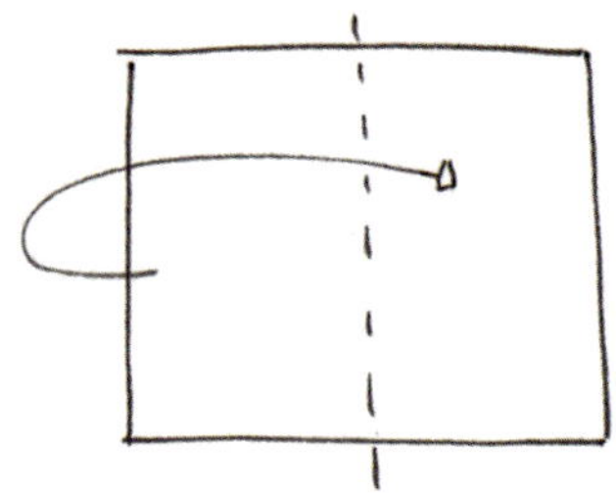
1

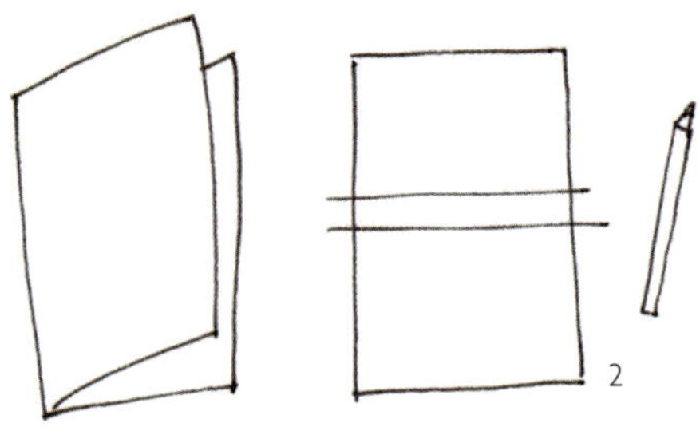
2

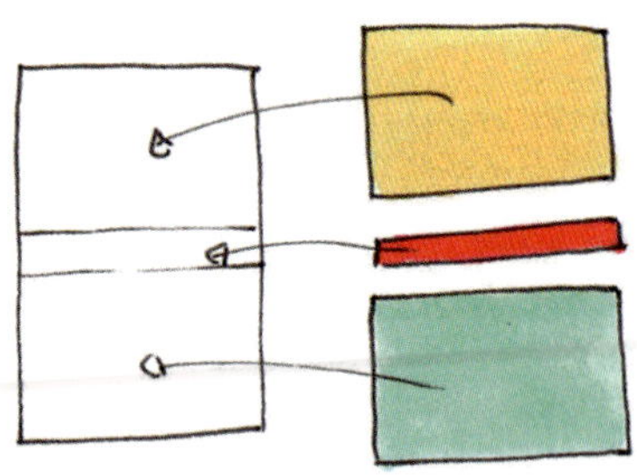
3

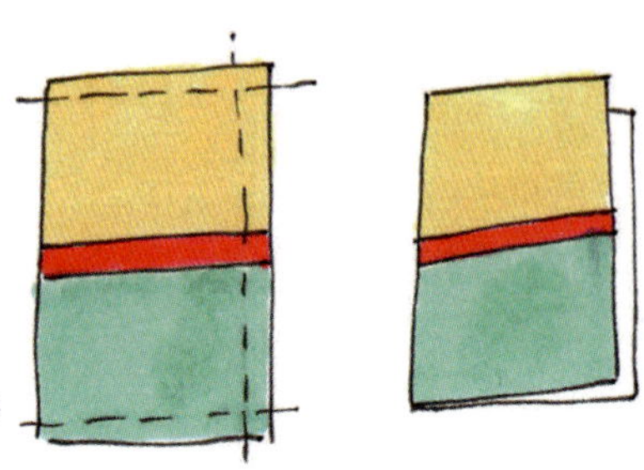
4

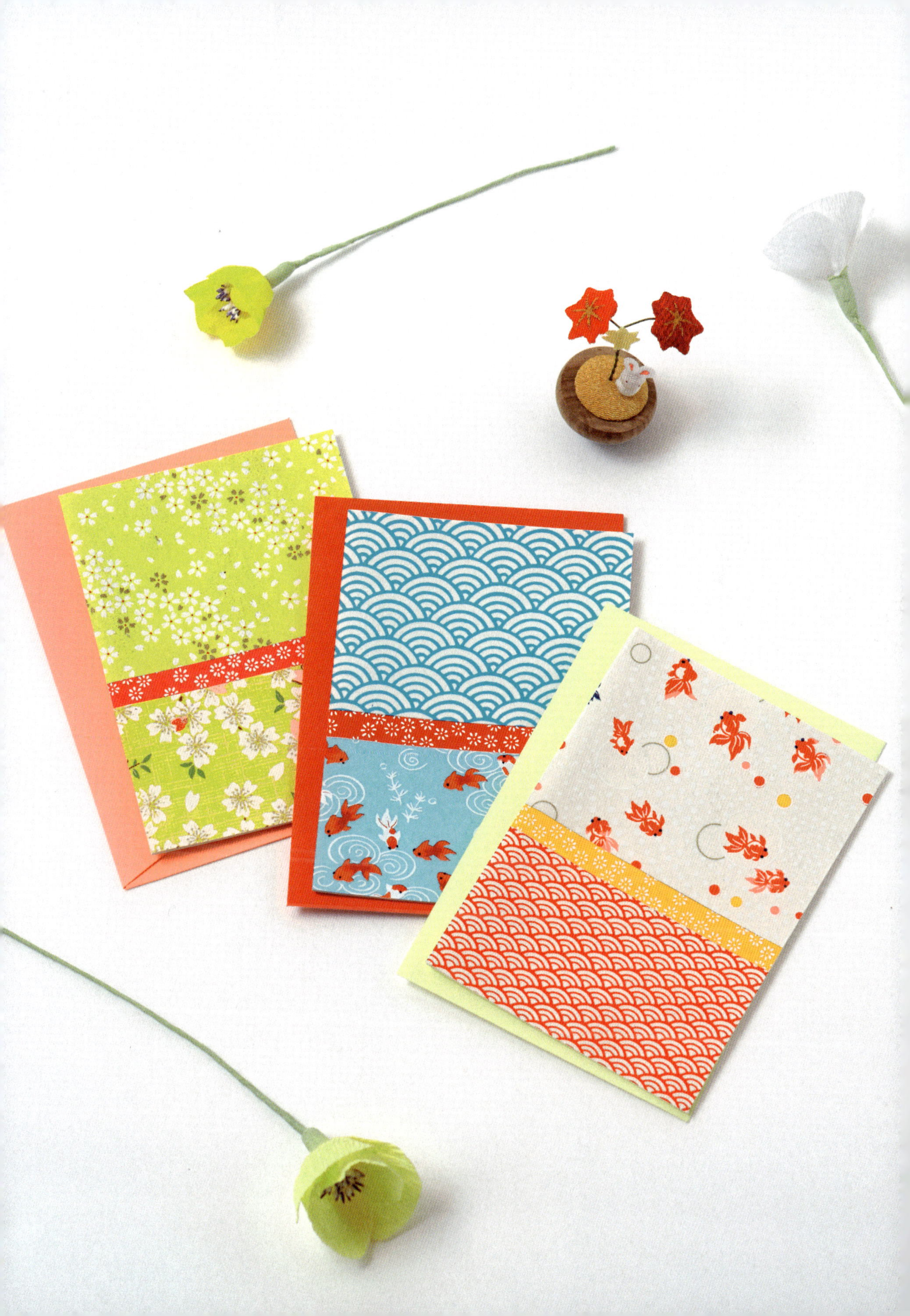

GESCHENKTÜTCHEN

Materialien

- 1 Rechteck gemustertes japanisches Papier (16 × 23 cm für ein Tütchen im Format 8 × 15 cm)
- 1 Aufkleber

Werkzeuge und Hilfsmittel

- Tubenkleber
- doppelseitiges Klebeband

1 Lege das Papierrechteck mit der bedruckten Seite nach unten auf die Arbeitsfläche und falte es in der vertikalen Mitte. Falte dann beide Seitenkanten gemäß den gestrichelten Linien.

2 Entfalte das Blatt und falte es wie in der Abbildung gezeigt. Klebe die offenen Seitenenden mit Klebeband aneinander.

3–4 Markiere unten einen Falz gemäß der gestrichelten Linie. Dann falte den Boden wie in der Abbildung gezeigt und klebe ihn fest.

5 Befülle die Tüte, klappe das obere Ende gemäß der gestrichelten Linie um und fixiere die Klappe mit einem Aufkleber.

1

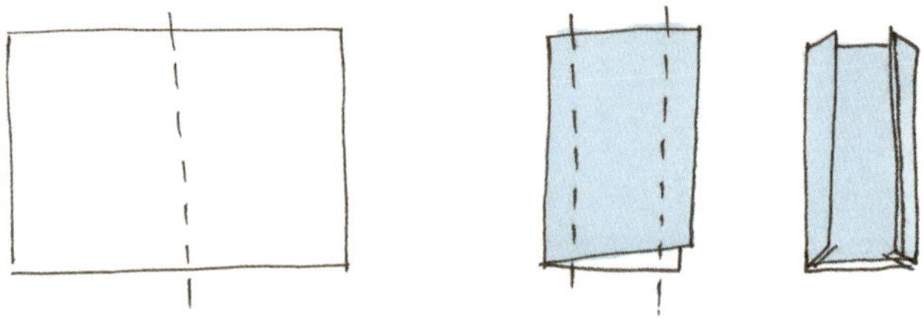

2

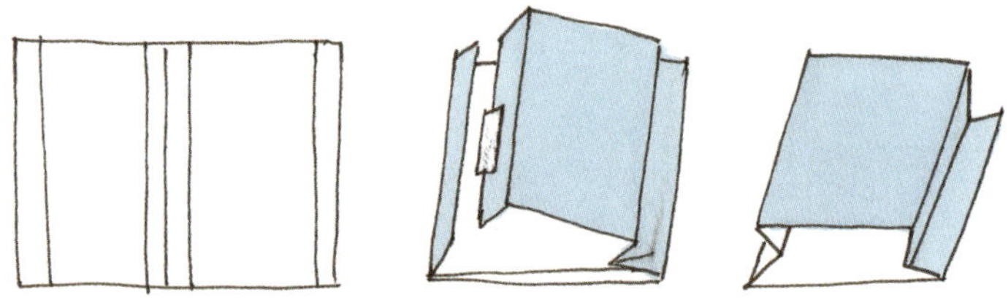

3

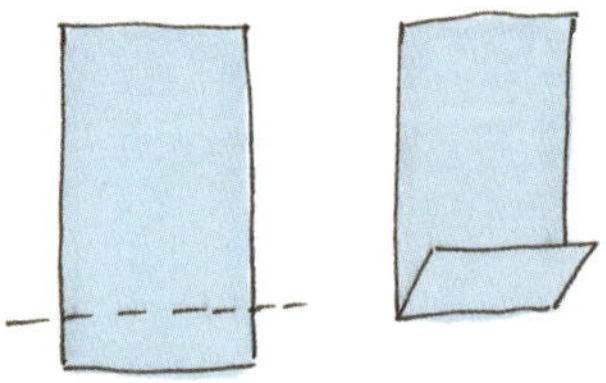

4

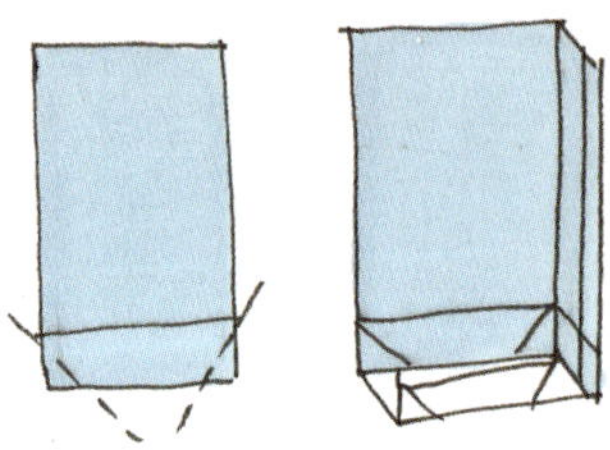

5

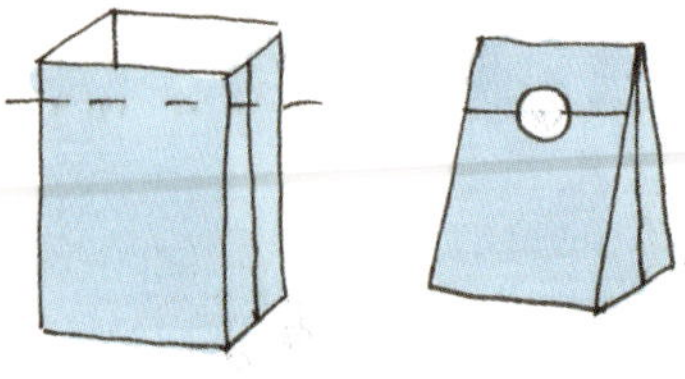

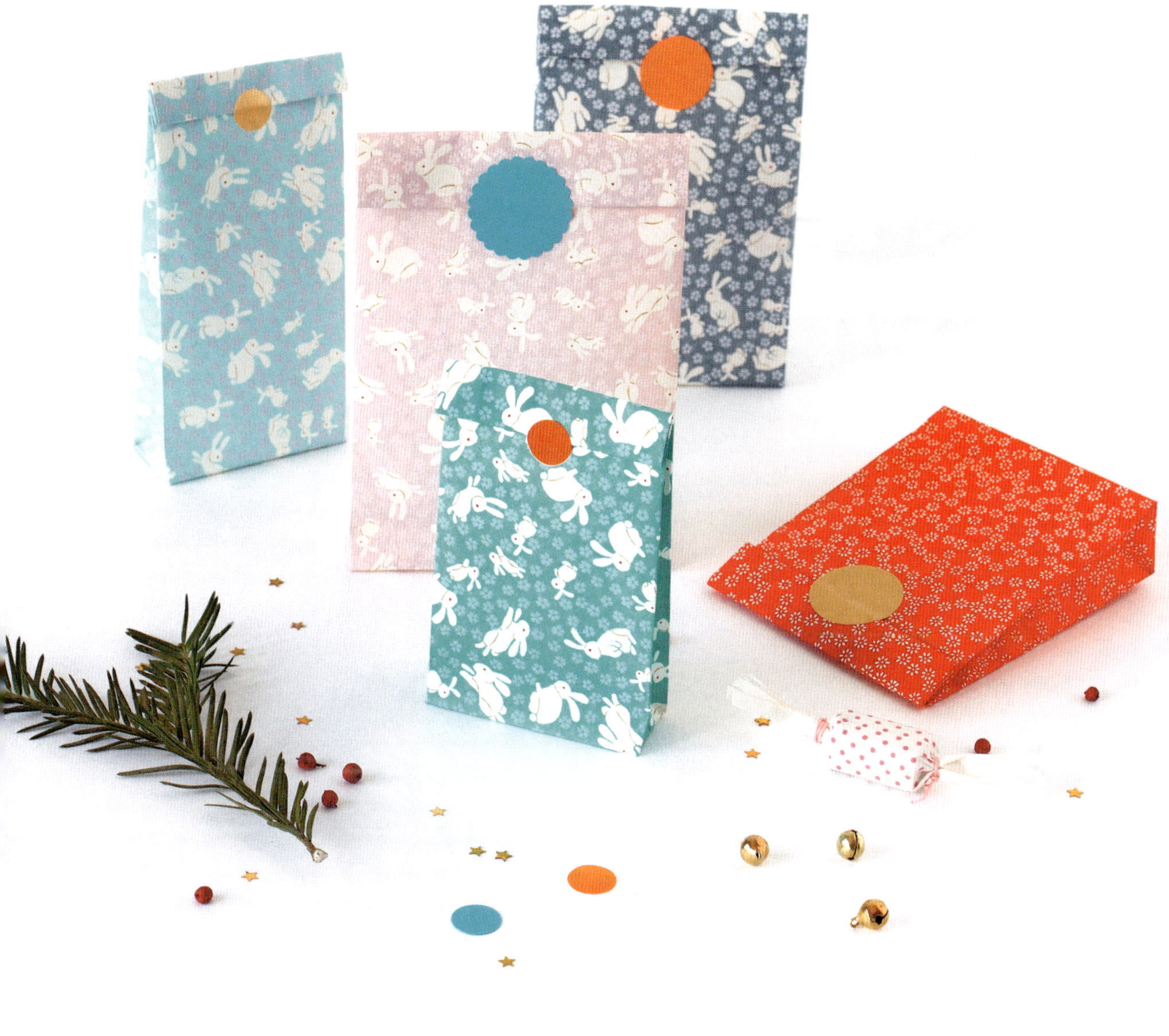

KLEINER STERN

Materialien

- 1 Streifen einfarbiges oder gemustertes japanisches Papier (29 × 1,5 cm)

Werkzeuge und Hilfsmittel

- Schere

1 Lege den Papierstreifen mit der bedruckten Seite nach unten auf die Arbeitsfläche. Falte ein Drittel des Streifens wie abgebildet diagonal nach oben und dann nach unten, sodass eine Schlaufe entsteht. Falte das Ende um und führe es durch die entstandene Schlaufe.

2 Ziehe das aus der Schlaufe herausragende Papierende fest und schneide den Überstand ab.

3 Falte das rechte Ende des Streifens wie abgebildet über die Faltung.

4–5 Fahre über die gesamte Länge mit der Faltung fort.

6 Schneide das Ende des Streifens so ab, dass es in die Faltung geschoben werden kann.

7 Drücke mit den Fingern leicht auf die Seiten der Figur, um dem Stern Volumen zu verleihen.

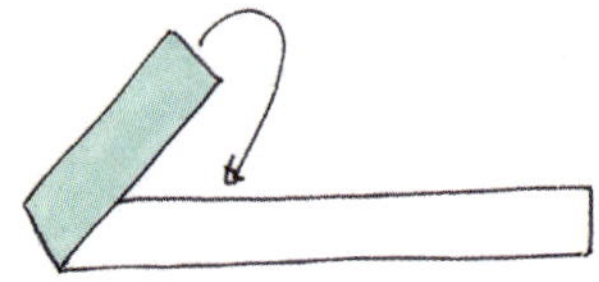

1

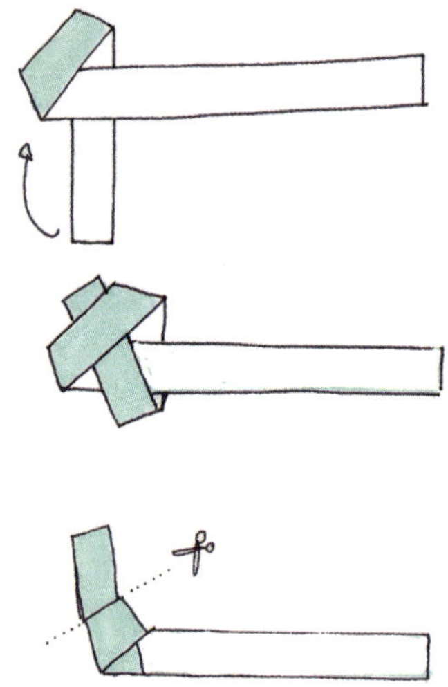

2

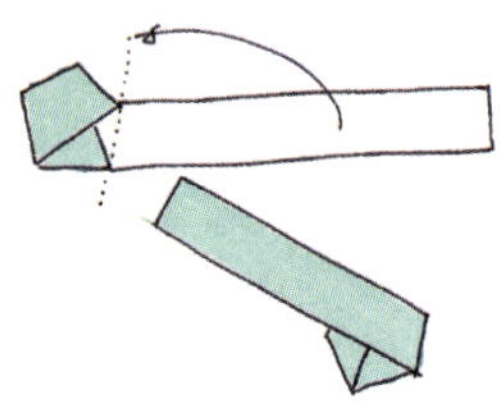

3

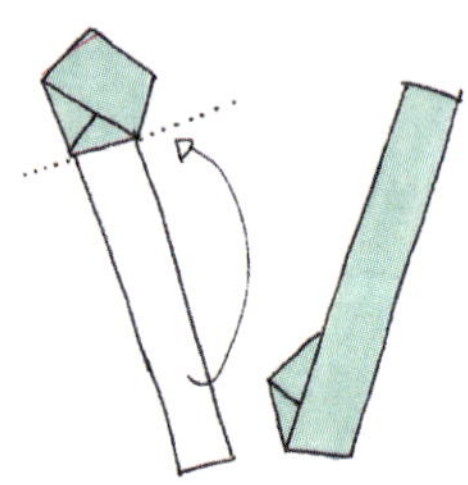

4

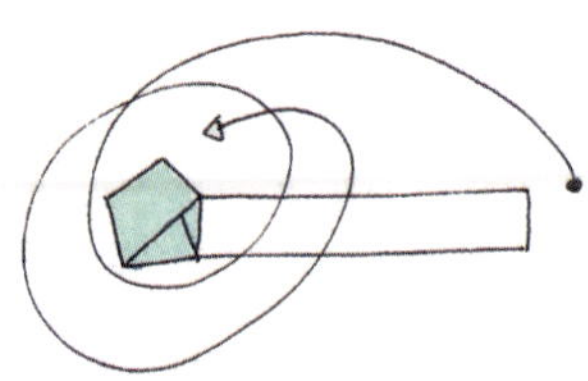

5

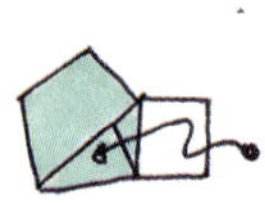

6

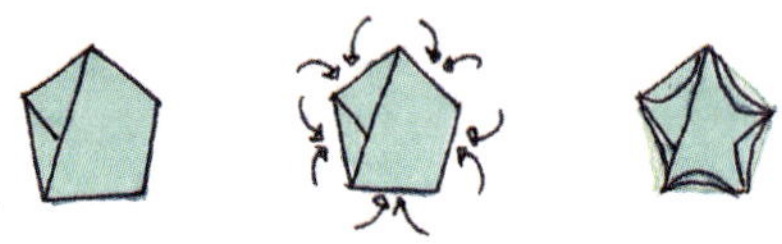

7

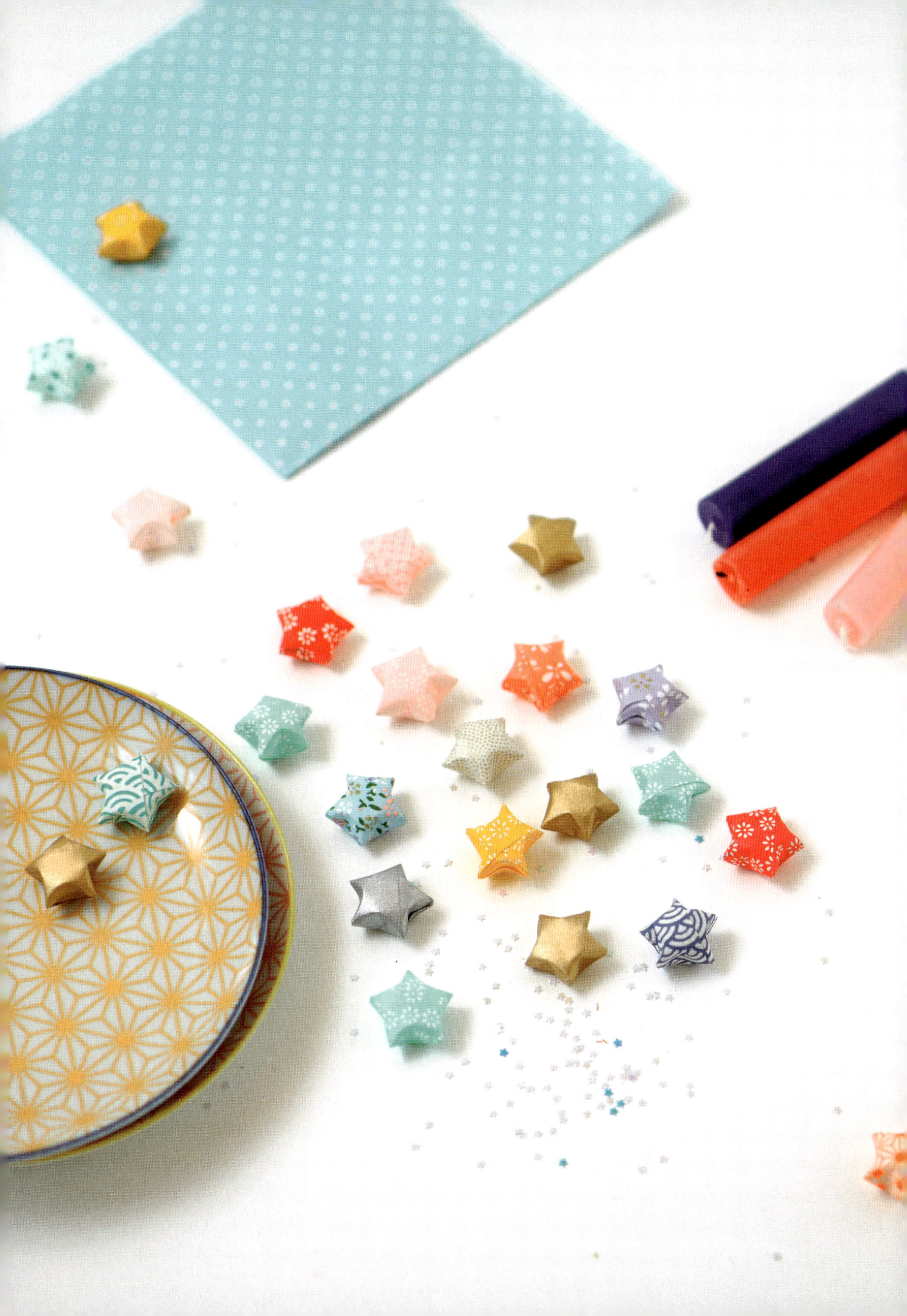

WEIHNACHTSSTERN

Materialien

- 8 Quadrate gemustertes oder einfarbiges japanisches Papier (6 × 6 cm für einen großen Stern oder 4 × 4 cm für einen kleinen Stern)
- 1 Aufkleber

Werkzeuge und Hilfsmittel

- Tubenkleber
- Bügeleisen und Bügeltücher

1 Lege ein erstes Papierquadrat mit der bedruckten Seite nach unten auf die Arbeitsfläche und markiere durch Falten und Entfalten die Diagonalen mit Falzen.

2 Wende das Papierquadrat und markiere jeweils die horizontale und vertikale Mittelsenkrechte mit Falzen.

3 Falte die Figur auf der linken und rechten Seite gemäß der Abbildung.

4 Du erhältst ein Dreieck.

5 Falte die angezeigten Punkte der oberen Lagen gemäß den gestrichelten Linien zum Mittelfalz.

6 Die Punkte sollten sich in der Mitte treffen.

7 Falte die restlichen sieben Papierquadrate auf die gleiche Weise zu Einzelfiguren.

8 Baue zwei erste Einzelfiguren zusammen, indem du sie ineinanderschiebst. Trage dabei etwas Klebstoff auf, um sie aneinander zu fixieren. Fixiere die restlichen Einzelfiguren nacheinander fächerartig an den ersten, sodass ein Stern entsteht.

9 Glätte den Stern vorsichtig zwischen zwei Bügeltüchern mit einem Bügeleisen und klebe mittig einen Aufkleber auf.

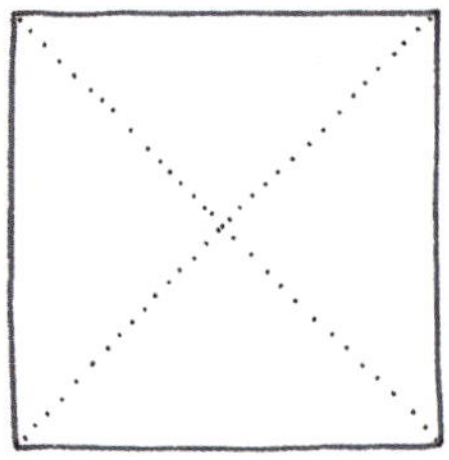
1

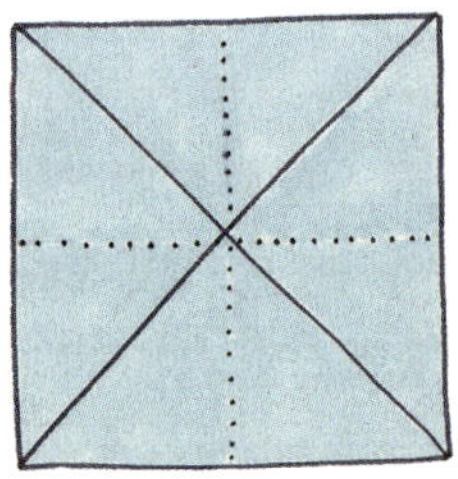
2

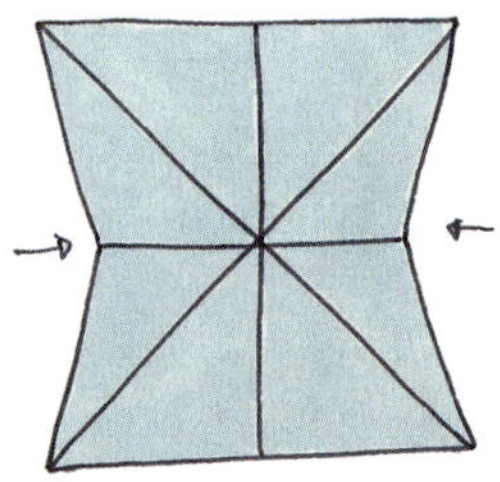
3

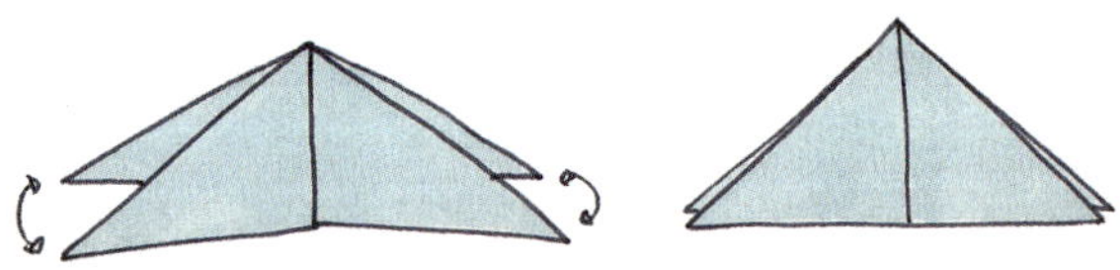
4

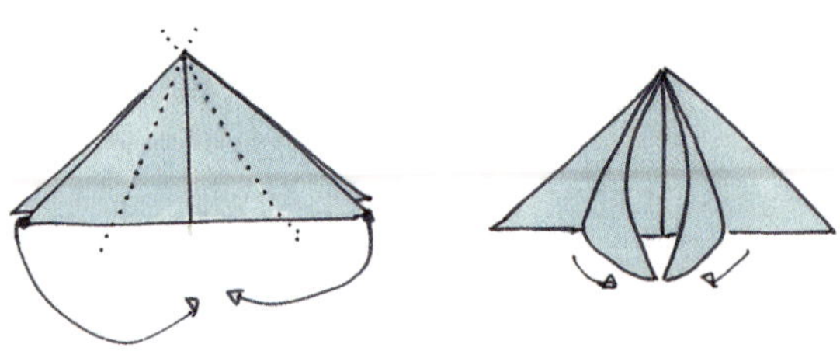
5

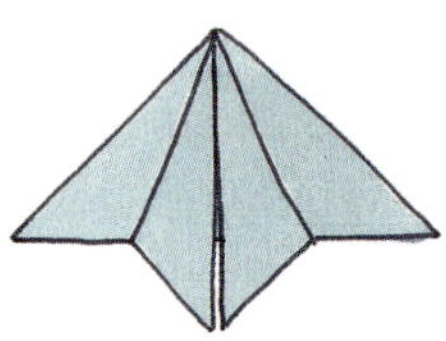
6

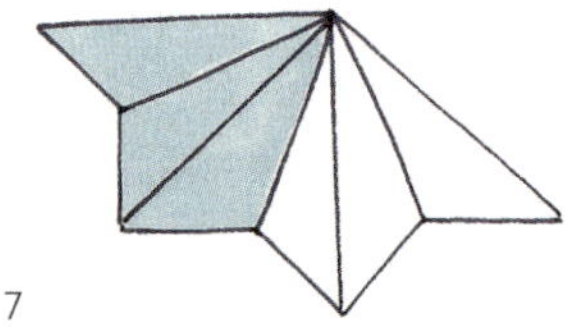
7

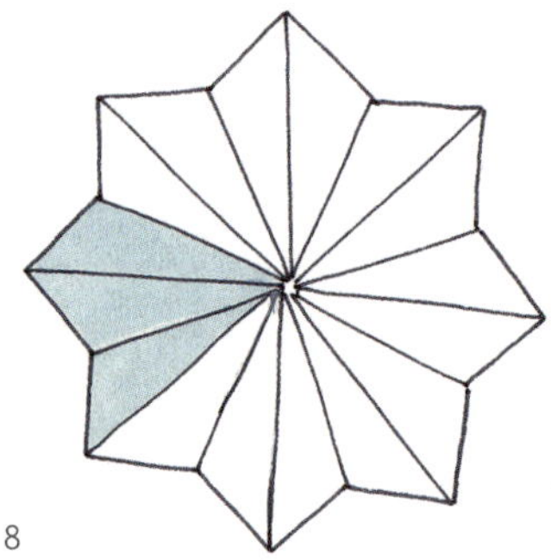
8

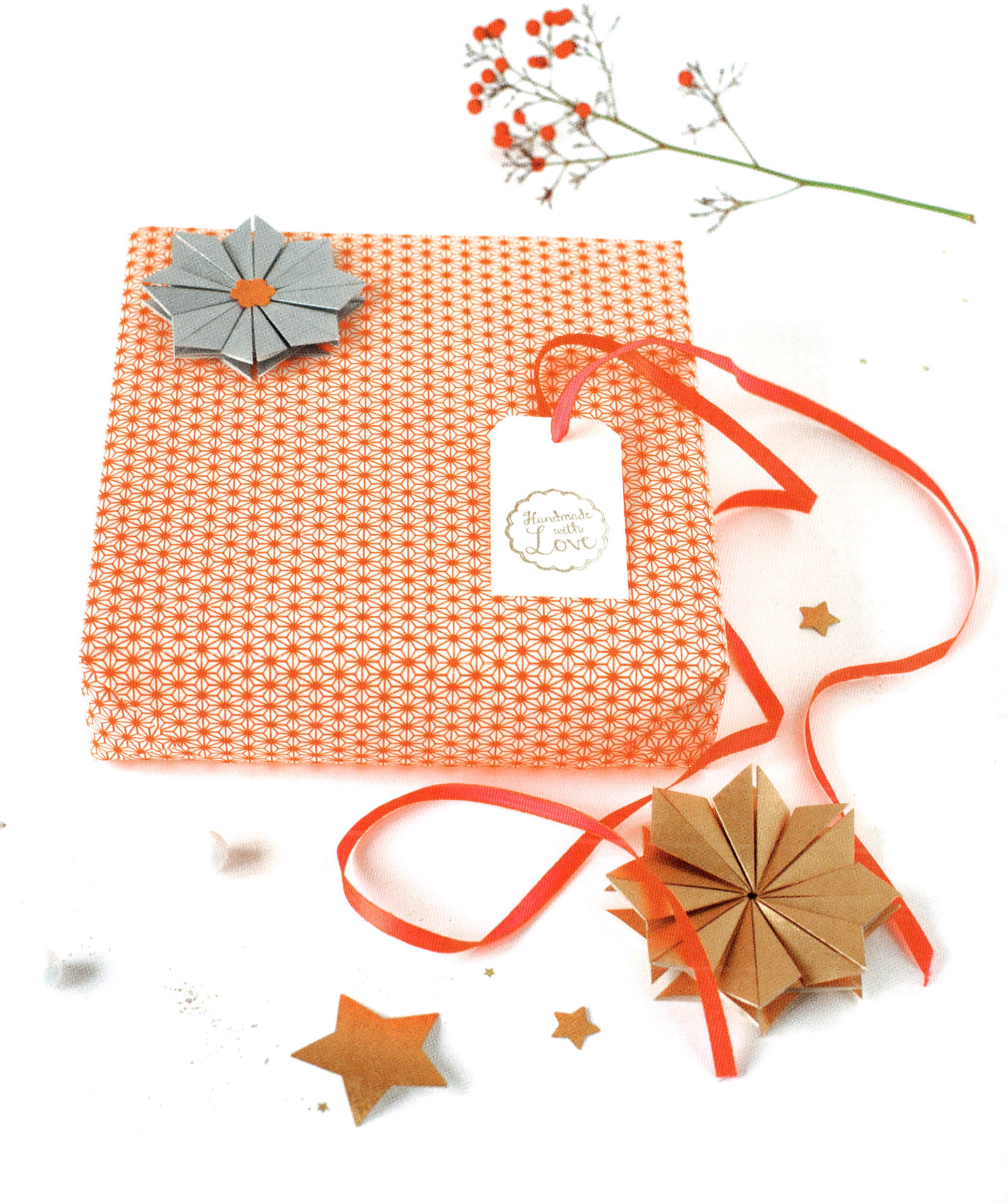
Handmade with Love

WITZIGER WICHTEL

Materialien

- Reste von gemustertem und rosafarbenem japanischem Papier
- 1 kleiner Pompon (für die Mütze)
- 1 Styroporkugel (2,5 cm Durchmesser, für den Kopf)
- 1 kleine rote Perle (für die Nase)

Werkzeuge und Hilfsmittel

- Bleistift
- Transparentpapier
- Schere
- Tubenkleber
- rosafarbene Acrylfarbe
- Pinsel
- schwarzer Marker

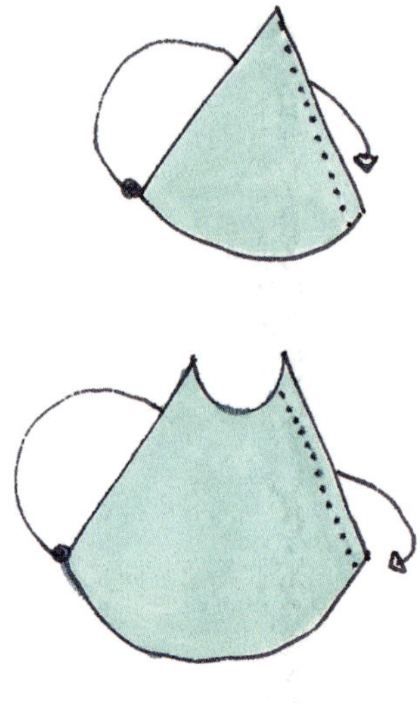

1

1 Zeichne die Vorlagen für Hut und Körper (siehe Seite 77) auf Transparentpapier nach, schneide die Formen aus und übertrage sie auf gemustertes Papier. Schneide die Formen aus. Rolle jede Form zu einem Kegel und fixiere sie mit etwas Klebstoff. Der kleinere Kegel ergibt den Hut, der größere den Körper. Klebe den Pompon oben auf den kleinen Kegel.

2 Zeichne die Vorlagen für die Ärmel nach (siehe Seite 77) und übertrage sie auf gemustertes Papier. Zeichne die Vorlagen für die Hände nach (siehe Seite 77) und übertrage sie auf rosafarbenes Papier. Schneide die Formen aus und klebe die Hände an die Enden der Ärmel. Klebe die Arme an den Körper-Kegel.

3 Bemale die Styroporkugel mit rosa Farbe. Lasse sie trocknen, zeichne dann die Augen und den Mund mit Marker auf und klebe die Perle als Nase auf. Klebe den Hut auf den Kopf und den Kopf auf den Körper.

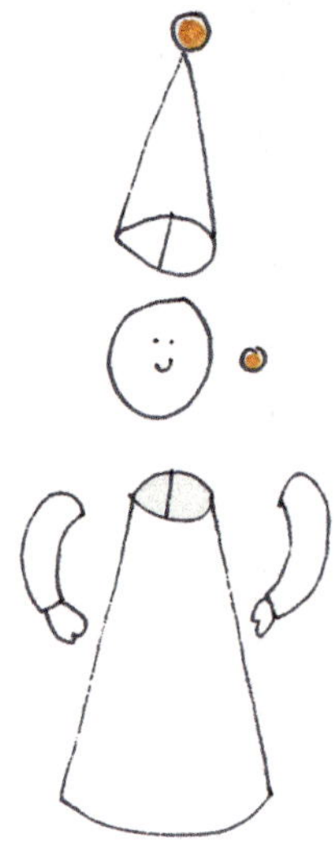

2

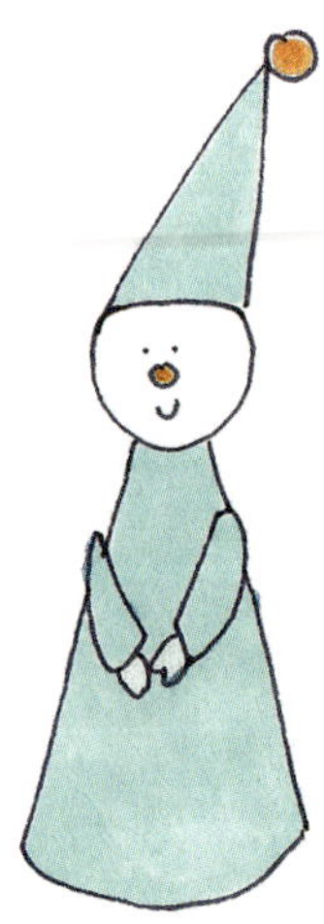

3

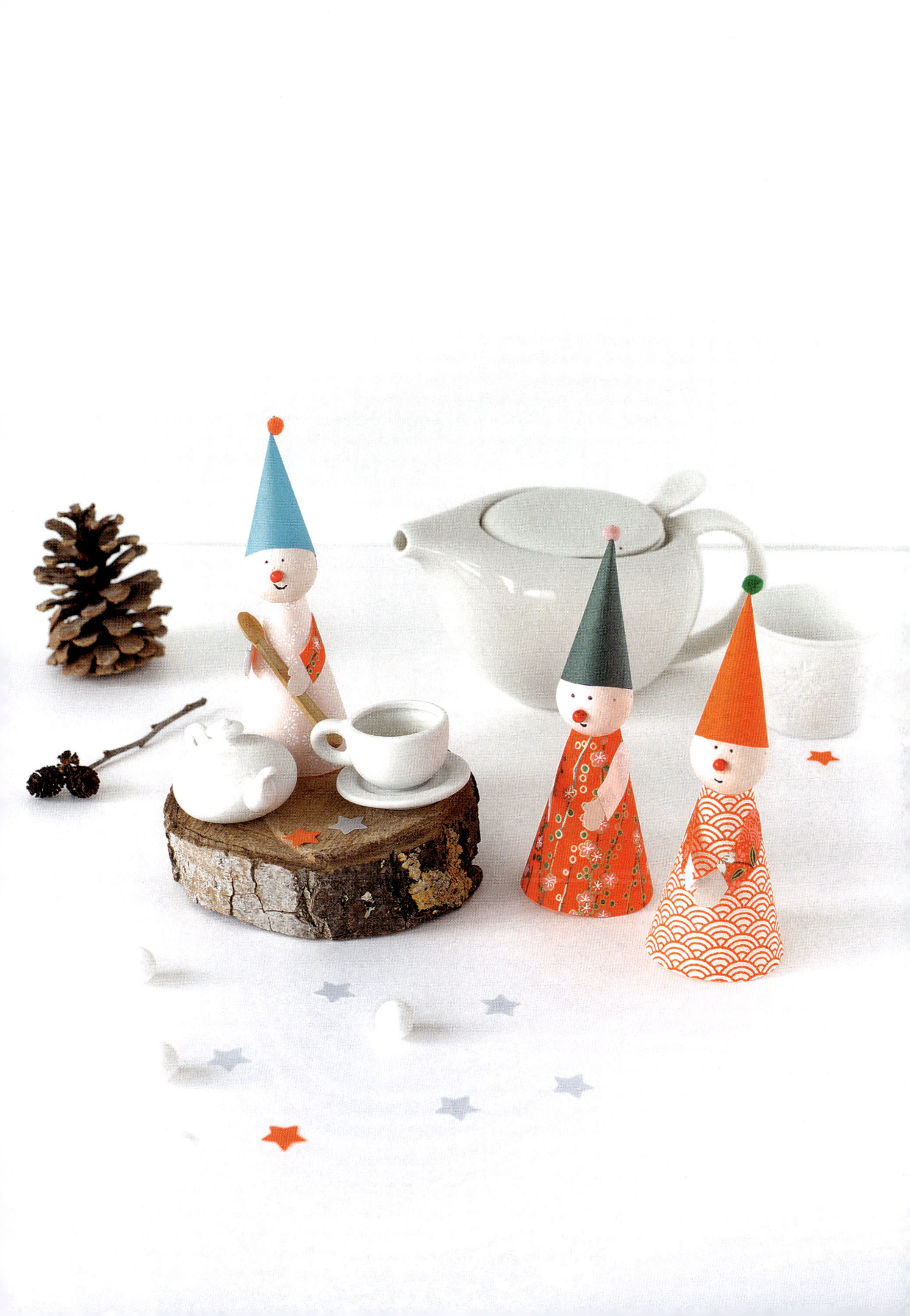

GOURMET-BOX

Materialien

- 1 Rechteck gemustertes japanisches Papier (19 × 14 cm für eine kleine Box, 27 × 20 cm für eine große Box)
- 1 Stoffblüte
- 40 cm farbiges Band
- 1 kleine Öse

Werkzeuge und Hilfsmittel

- Lineal
- Bleistift
- Ösenpresse

1 Zeichne in den angegebenen Maßen parallele Linien auf die unbedruckte Seite des Papierrechtecks.

2 Markiere durch Falten und Entfalten zuerst die Falze gemäß den Bleistiftlinien, dann die der in der Abbildung mit gestrichelten Linien angezeigten Diagonalen. Falte dann die durch Falze vorgegebenen oberen Elemente zur Mitte wie in der Abbildung gezeigt.

3 Falte die restliche Schachtel mithilfe der zuvor markierten Falze wie abgebildet.

4 Bringe an der angegebenen Stelle eine Öse an und fädele das Band hindurch, mit dem die Schachtel verschlossen wird. Klebe die Stoffblüte auf die Frontseite der Schachtel.

5 Fülle die Schachtel, schließe sie und wickele das Band um die Schachtel und um die Stoffblüte.

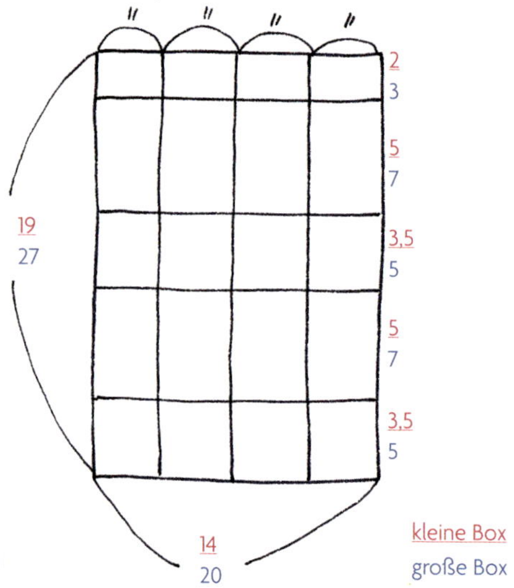

1

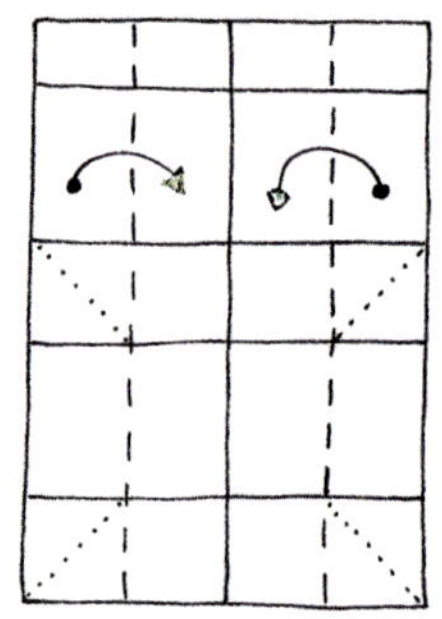

2

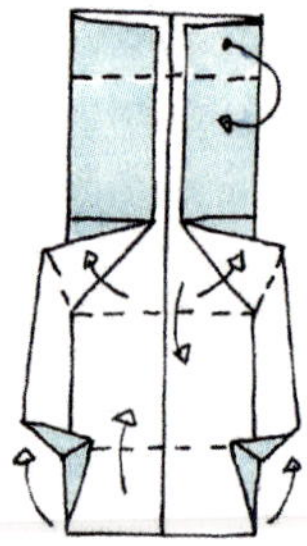

3

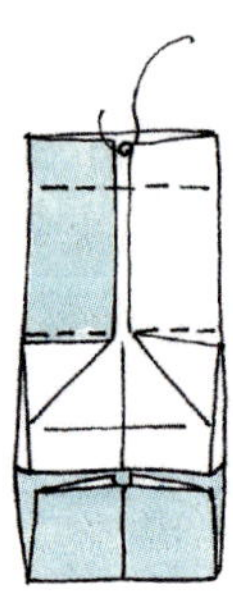

4

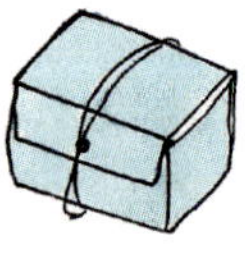

5

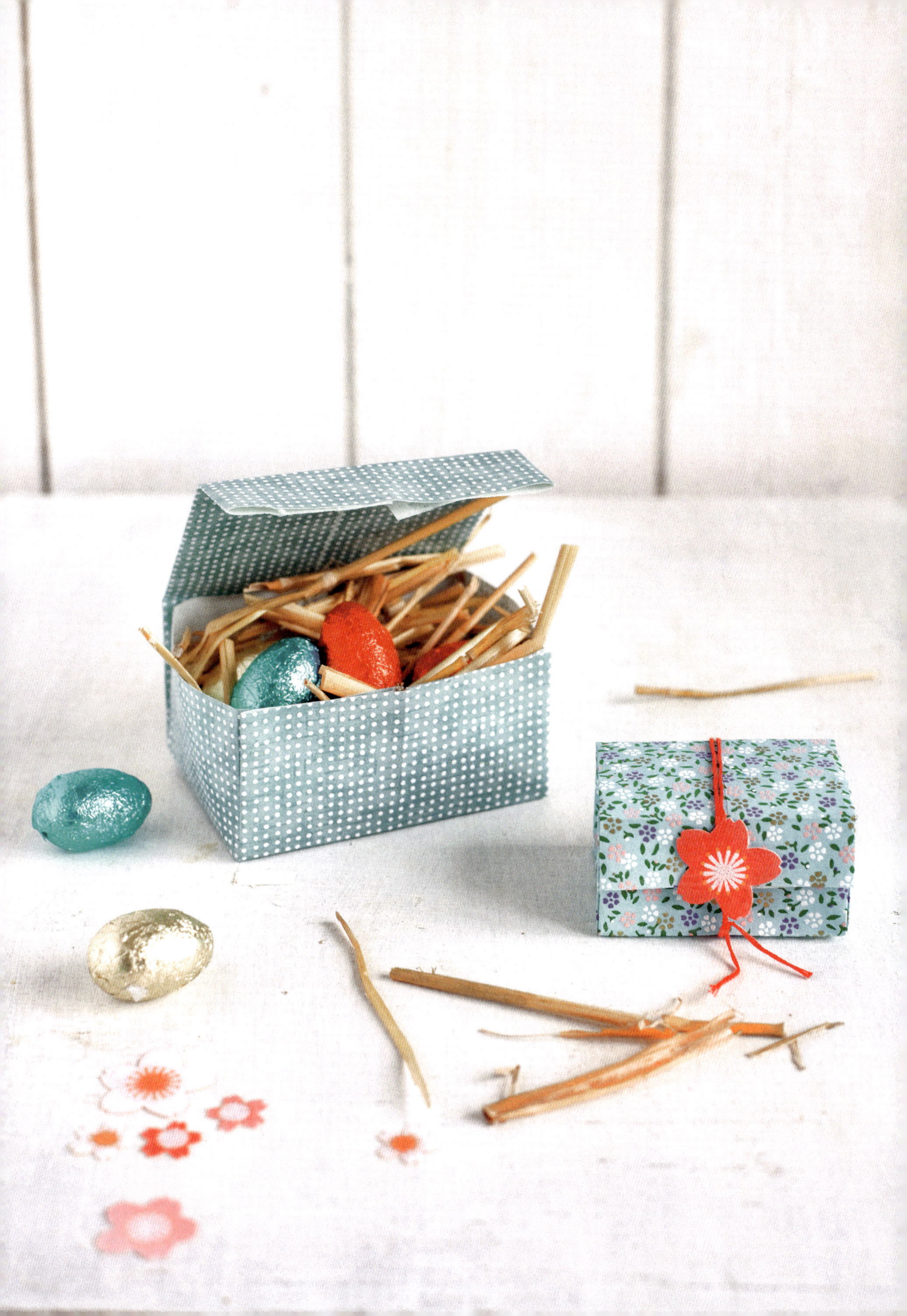

FARBENFROHE ROSETTE

Materialien

- 1 Rechteck einfarbiges oder gemustertes japanisches Papier (24 × 96 cm)
- 20 cm farbiges Garn

Werkzeuge und Hilfsmittel

- Lineal
- Tubenkleber
- Schere

1 Falte das Papierrechteck der Länge nach ziehharmonikaförmig alle 3 cm zu einem Stapel.

2 Schneide die Enden des Stapels abgerundet ab.

3 Binde den Baumwollfaden in der Mitte des Stapels fest.

4 Falte den Stapel in der Mitte und öffne die Faltung, um einen vollständigen Kreis zu bilden, klebe die Anschlussseiten zusammen, um die Form in sich zu fixieren.

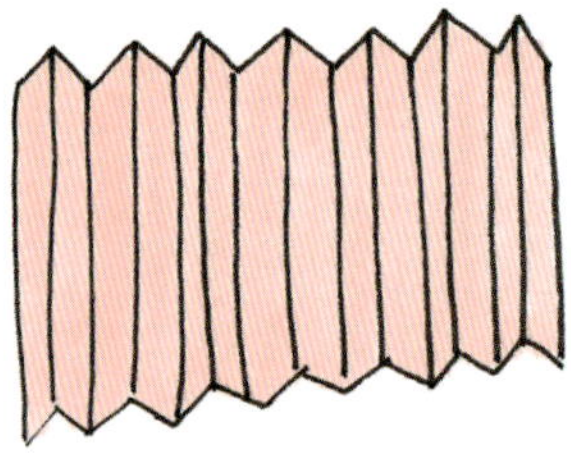

1

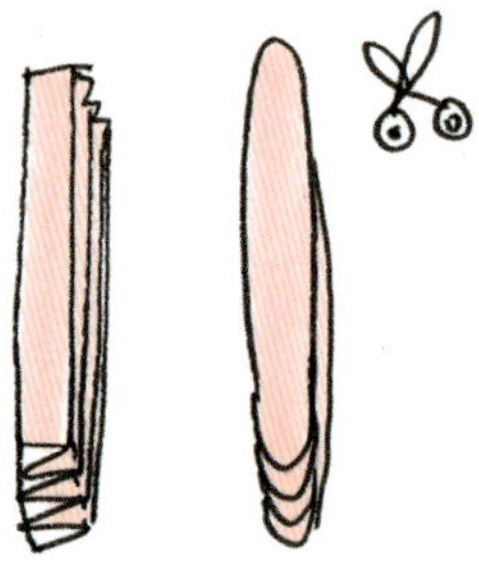

2

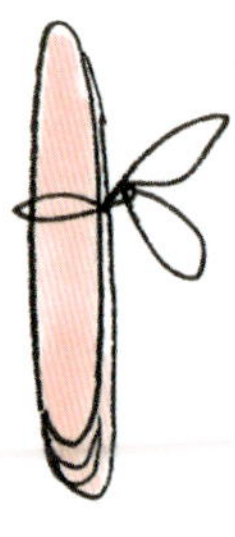

3

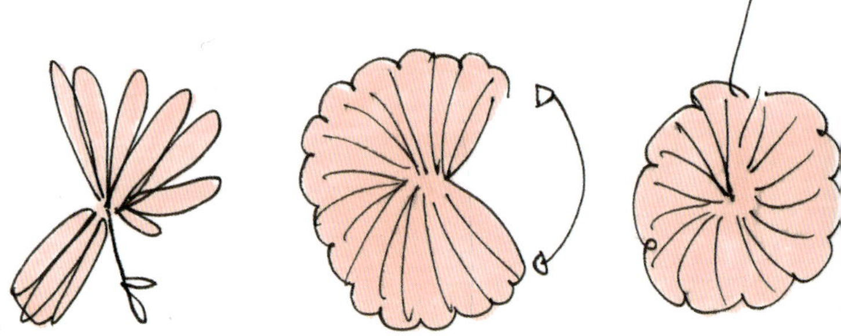

4

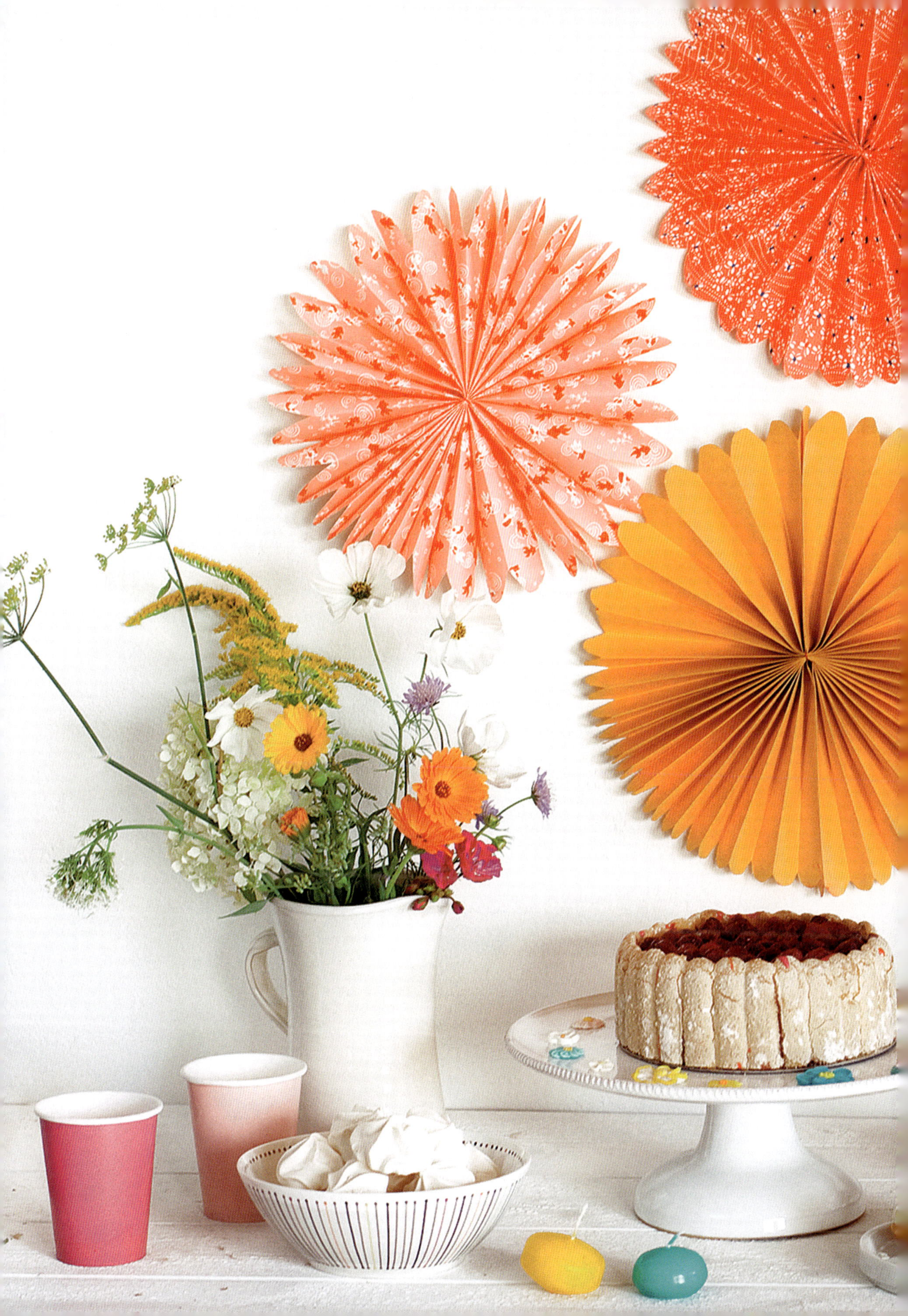

FLIEGENDER ENGEL

Materialien

- 1 Quadrat weißes Papier (15 × 15 cm, 300 g/m^2)
- Reste von gemustertem sowie einfarbig braunem und rosafarbenem japanischem Papier
- 20 cm goldfarbenes Garn

Werkzeuge und Hilfsmittel

- Klebeband
- Tubenkleber
- Bleistift
- Transparentpapier
- Schere
- schwarzer Marker
- Glitzer- oder Goldfarbe (optional)
- Pinsel (optional)

1 Zeichne die Vorlage (siehe Seite 75) auf Transparentpapier. Schneide die Form aus und übertrage sie auf das weiße Papier. Schneide die Form aus.

2 Übertrage die Vorlage für das Kleid auf das bedruckte Papier, schneide die Form aus und klebe sie auf den Papierengel. Glätte die Collage gut, um eventuelle Luftblasen zu entfernen. Übertrage die Vorlage für die Flügel auf bedrucktes Papier, schneide sie aus und klebe sie auf den Engel. Oder bemale die Flügel des Engels direkt mit Glitzer- oder Goldfarbe. Lasse alles trocknen.

3 Schneide kleine Kreise aus rosafarbenem Papier für die Wangen sowie Mandelformen aus braunem Papier für die Haare aus und klebe sie auf den Kopf des Engels. Zeichne Augen und Mund mit dem Marker auf. Schneide entlang der gestrichelten Linien die Aussparungen für die Flügel aus.

4 Forme den Körper des Engels, indem du die Collage zu einem Kegel formst und die Flügel wie in der Abbildung gezeigt zueinander führst. Forme das Goldgarn zu einer Schlaufe und fixiere die Enden mit einem Stück Klebeband am Hinterkopf des Engels, um einen Aufhänger zu erhalten.

1

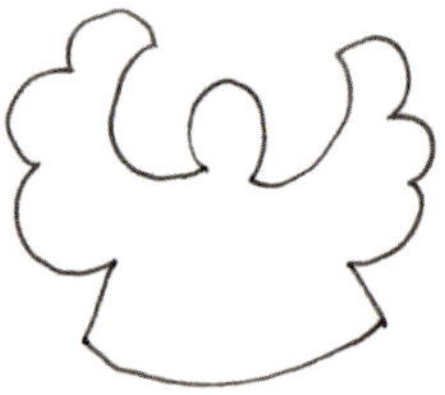

2

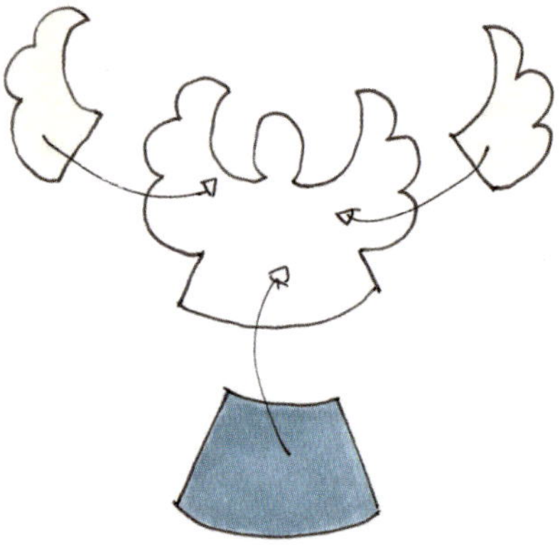

3

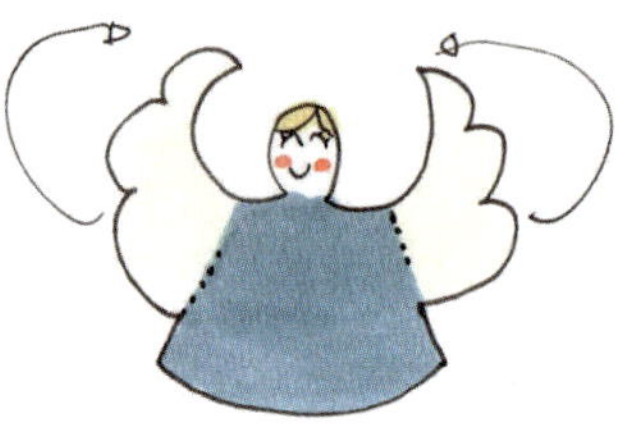

4

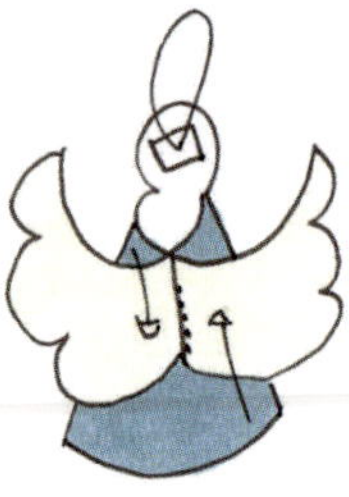

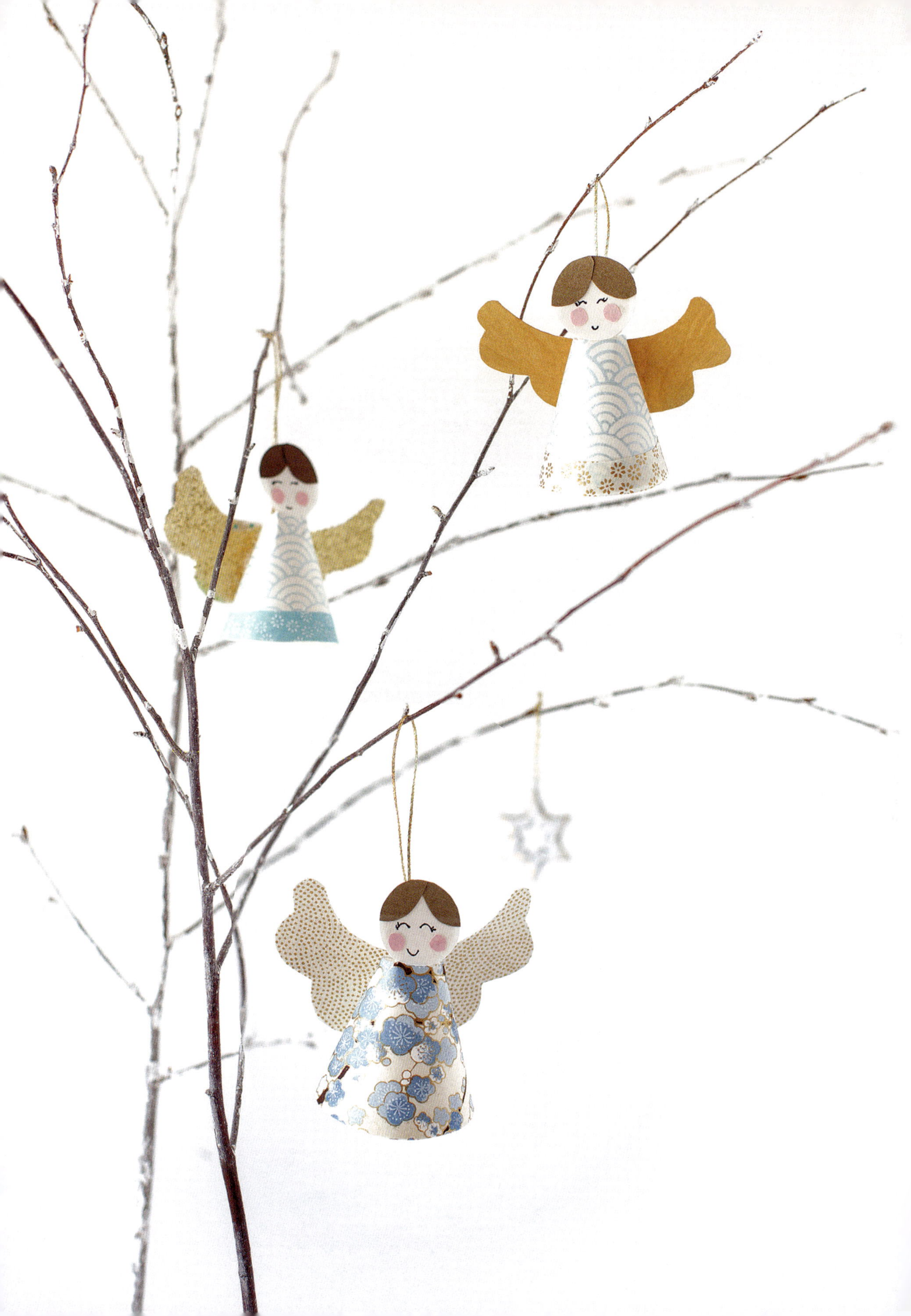

FUROSHIKI AUS PAPIER

Materialien

- 1 Rechteck bedrucktes oder einfarbiges japanisches Papier (39 × 50 cm für eine Buchverpackung im A4-Format)
- 1 Aufkleber oder etwas Washi-Tape

1 Lege das Buch im gleichen Abstand zu den drei orangefarbig markierten Seiten auf das japanische Papier.

2–5 Schlage das Buch gemäß den Abbildungen in das Papier ein.

6 Fixiere die letzte kleine Ecke mit einem hübschen Aufkleber oder etwas Tape.

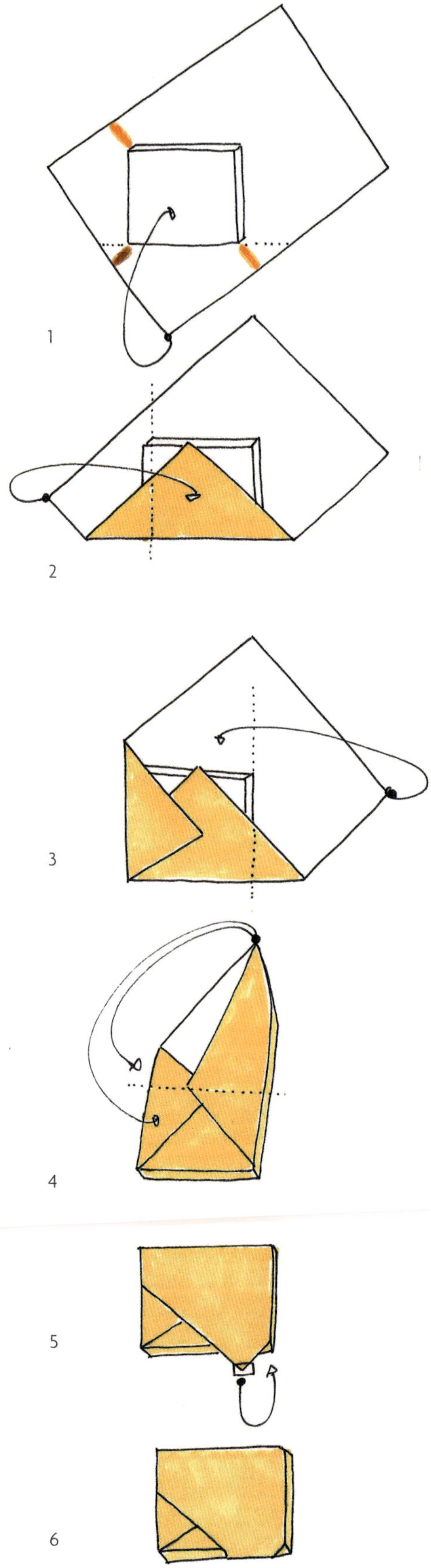

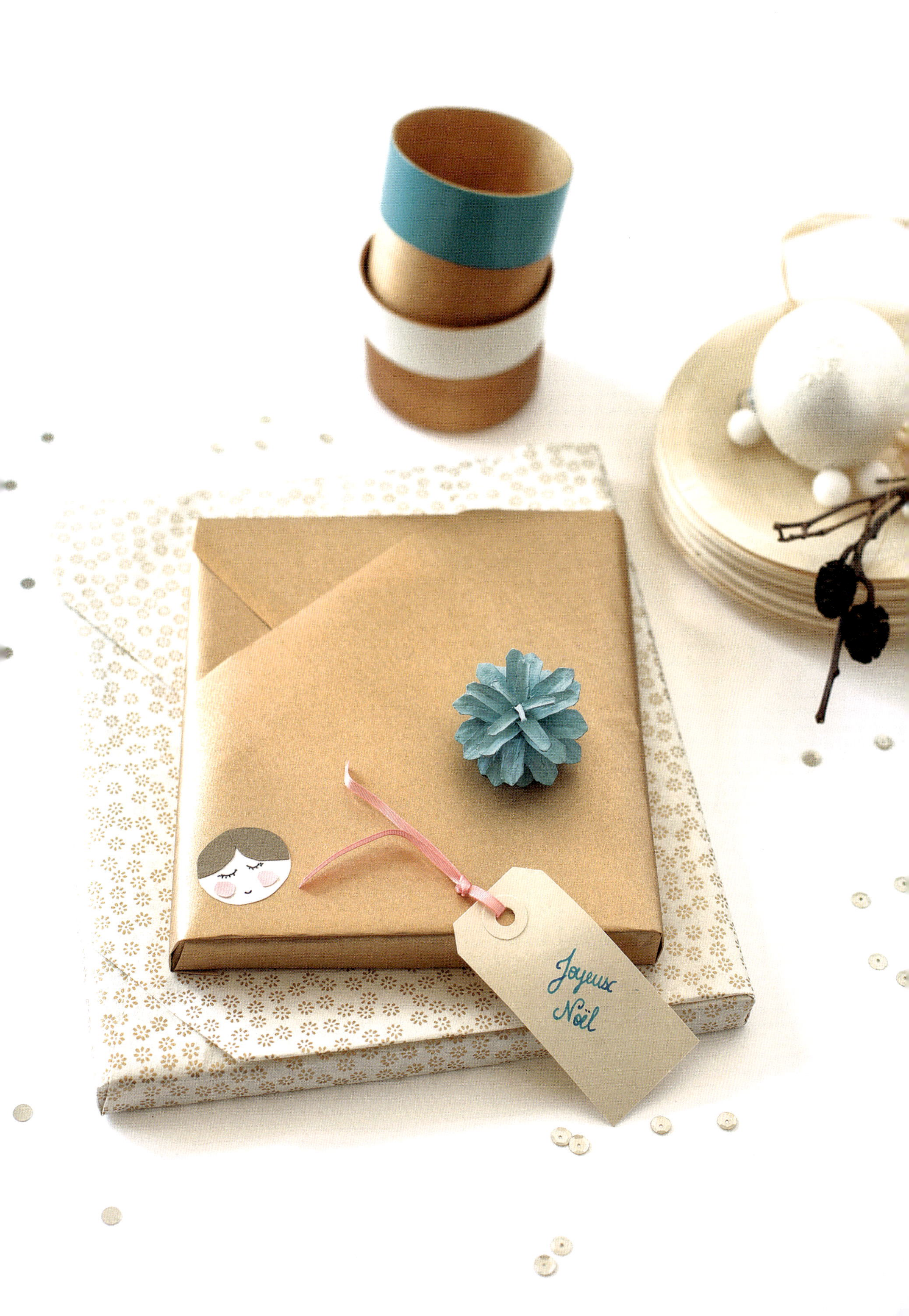
Joyeux
Noël

VORLAGEN

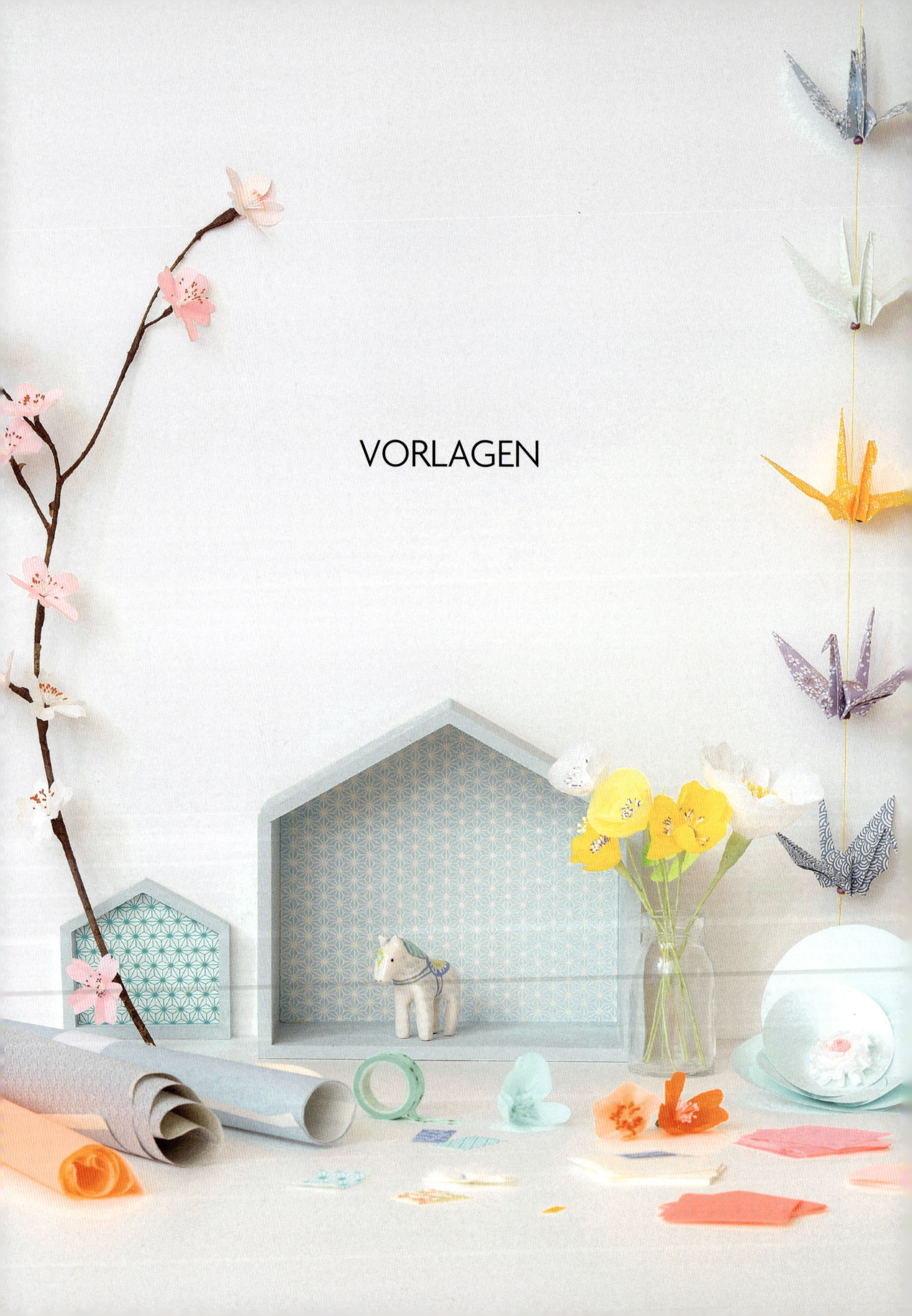

BLUMEN-BOUQUET S. 52

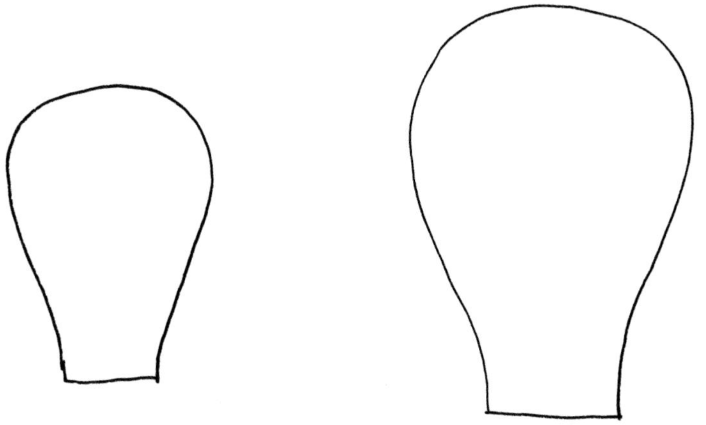

FLIEGENDER ENGEL S. 70

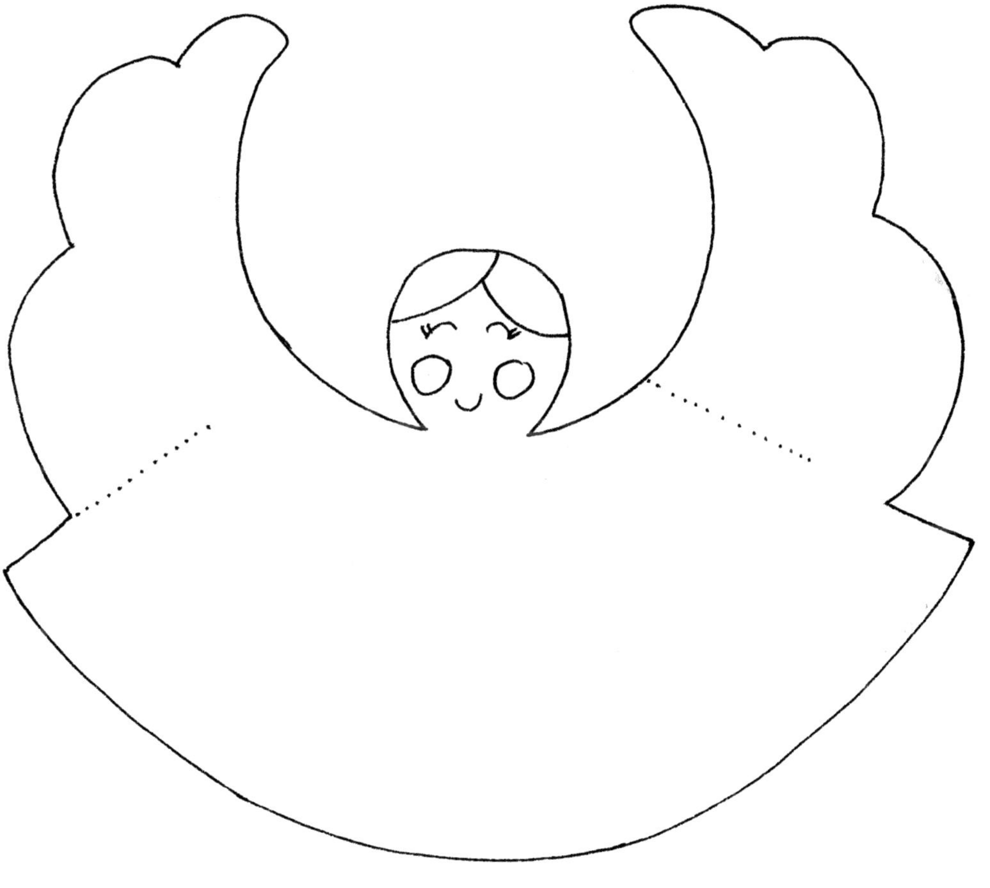

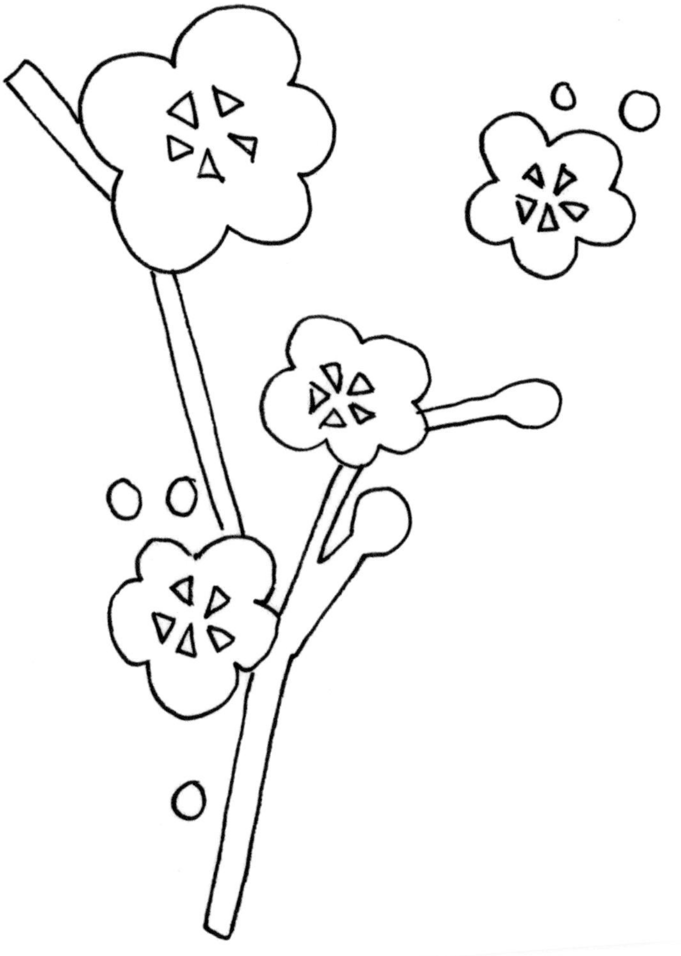

WITZIGER WICHTEL S. 64

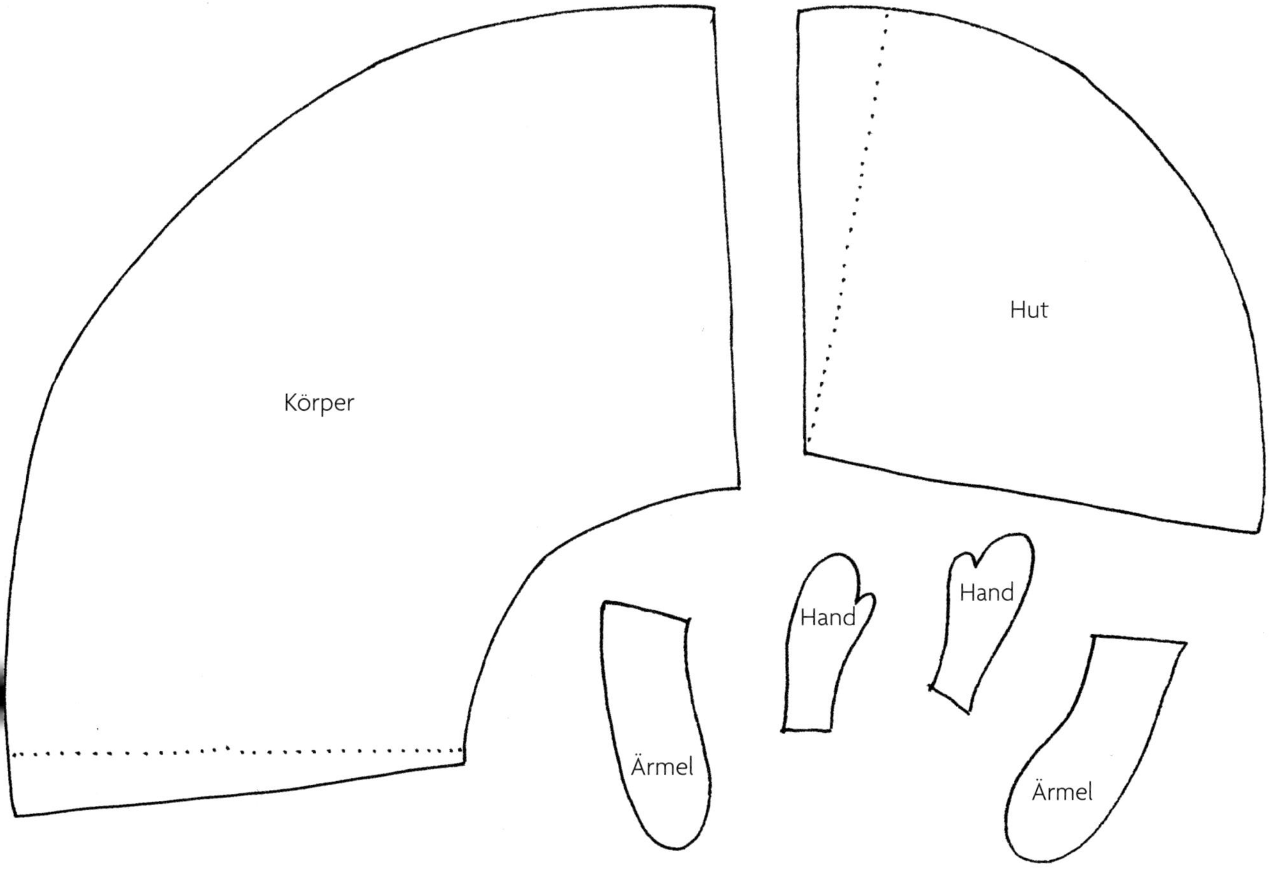

POP-UP-KARTE S. 22

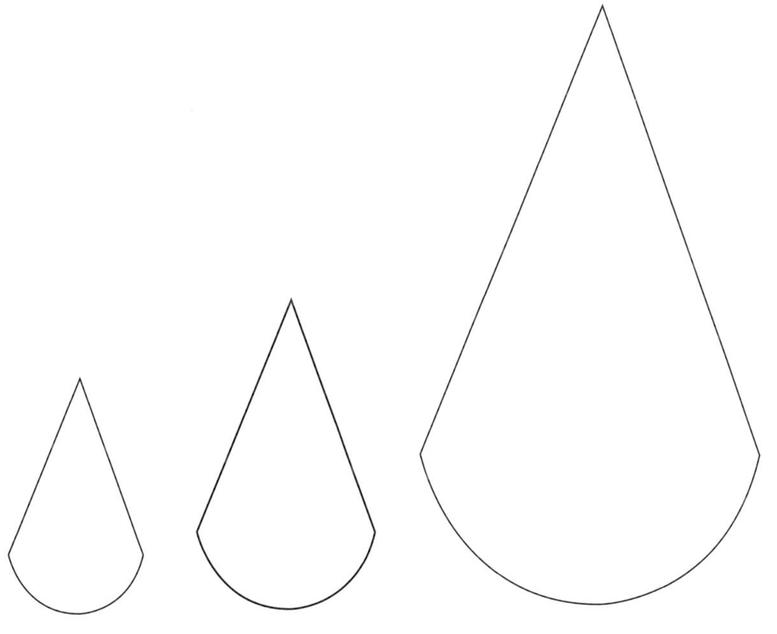

6 × 6 cm 7,5 × 7,5 cm 15 × 15 cm

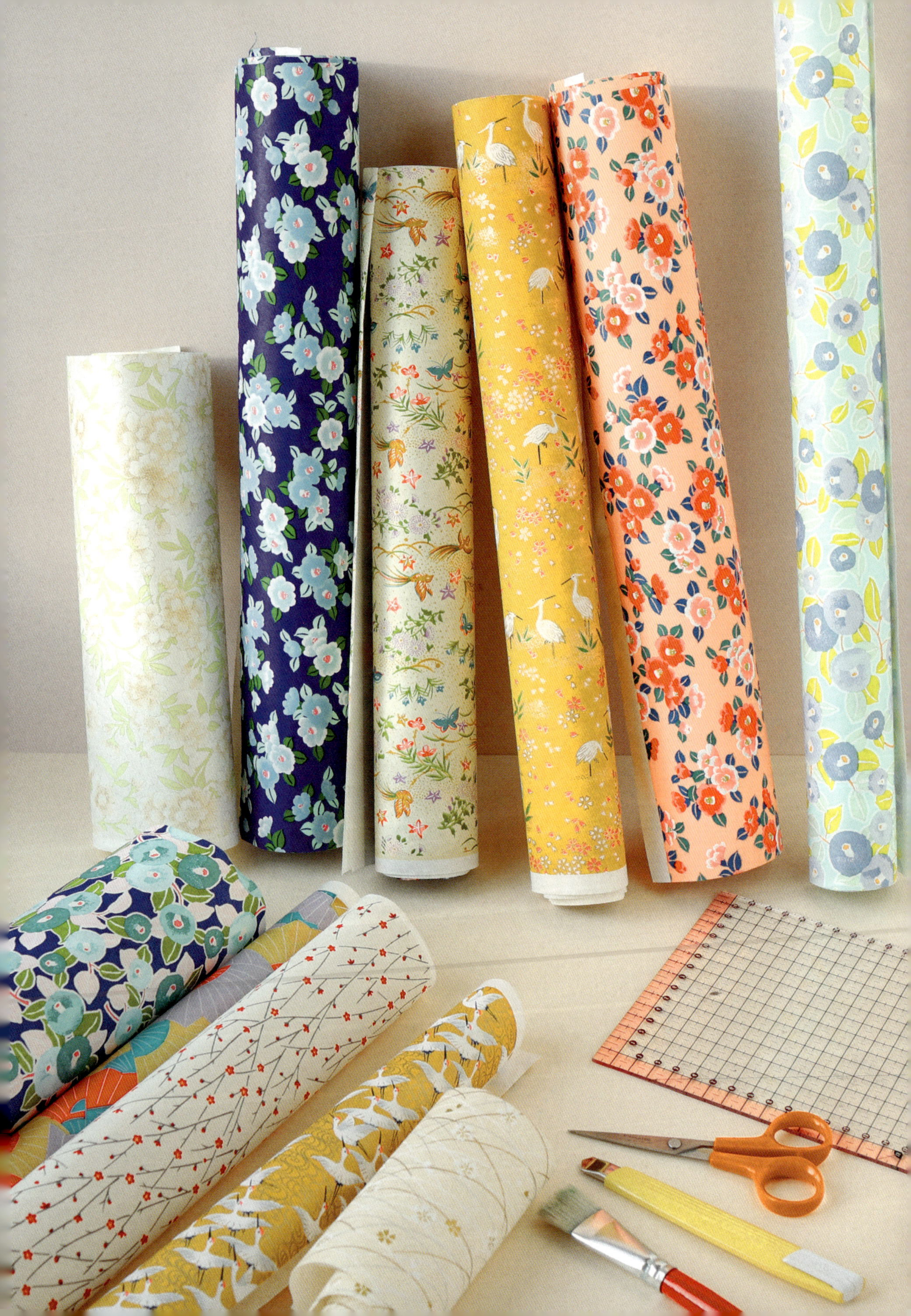

ÜBER DIE AUTORIN

Adeline Klams Boutique in Paris in der Nähe der Bastille ist ein echter Hingucker. Und die Begegnung mit japanischem Papier bildete den Ursprung dieser großen Wunderkammer.

Washi-Papier aus natürlichen Maulbeerfasern wird seit 1300 Jahren in Japan handgefertigt und wegen seiner Leichtigkeit, Flexibilität und Festigkeit bis heute geschätzt. Adeline lässt sich von der extremen Vielfalt an Farben und Mustern japanischer Papiere inspirieren, um ihre zahlreichen Kreationen anzufertigen: Lampen, Fotoalben, Stifthalter, Taschentuchboxen ... ihre tollen Deko-Objekte und originellen Verpackungen begeistern mit Farbe, Muster, Schönheit und Zartheit. Der Laden ist eine wahre Schatzkammer an einzigartigen Partyartikeln aus Papier, die man bei einer Stippvisite mitnehmen kann: Pompons aus Seidenpapier, Laternen, Fächer, Papierbälle. Adeline fertigt auf Wunsch aber auch individuelle Kreationen für ihre Kundschaft an.

Und die Boutique ist nicht nur ein Papier-Atelier der Extraklasse, sondern auch eine offene Werkstatt, in der es Platz für kreative Freizeitaktivitäten gibt. Adeline entführt uns in die Welt ihrer Kreationen, gibt uns aber auch die Möglichkeit, unsere eigene zu erschaffen. Alles ist hier vorhanden, um selbst kreativ zu werden: Stoffe, Kurzwaren, Formstanzer, Stempel, Klebebänder, Origami-Papiere, Krepp- und Seidenpapiere, Floristendraht und vieles mehr! Und wer Hilfe benötigt, wird von der Designerin und ihrem Team jederzeit fachkundig unterstützt. Der Laden bietet verschiedene Workshops für Kinder und Erwachsene an, sodass jeder kommen, lernen und gestalten kann. In maßgeschneiderten und privatisierten Workshops kann sich die Kundschaft auch auf besondere Ereignisse auf originelle Weise vorbereiten. Ob Geburtstag, Junggesell*innenabschied oder Hochzeit – einen Nachmittag im Freundes- oder Familienkreis zwischen japanischen Papieren zu verbringen, ist eine wundervolle und ganz besondere Erfahrung.

Unter all den hübschen Origami-Girlanden ist hier eine Designerin mit Leidenschaft am Werke. Ursprünglich hatte Adeline an der Pariser École Duperré Textildesign studiert und war in den Bereichen Interieurgestaltung sowie Mode- und Hochzeitsfotografie tätig. Während einer Reise in die USA entdeckte sie japanisches Papier für sich und lernte dieses Material kennen und lieben. Zurück in Frankreich eröffnete sie bald ihre Ladenwerkstatt, um die Kunstwerke aus Papier, die sie gestaltete, zu verkaufen. Nach und nach bot Adeline auch immer öfter Workshops für Interessierte in ihrem Laden an, um die Freude am Gestalten mit anderen zu teilen.

Adeline hat ein zartes Universum aus Papier erschaffen, inspiriert von der Finesse und Schönheit einer traditionsreichen japanischen Kunstform. Ein poetisches Universum, das wir zu unserem Glück nicht nur vor Ort in Paris, sondern auch in Buchform genießen können.

Boutique Adeline Klam
54, boulevard Richard Lenoir - 75011 Paris
www.adelineklam.com

DANK

Ein riesiges Dankeschön an Pascale, die es mir bei jedem unserer Projekte ermöglicht, unsere gemeinsame Leidenschaft für das poetische Hobby zu teilen.

Dank an Émilie, meine gute Fee. An deiner Seite zu kreieren ist eine Ehre, ein Geschenk. Ich bin immer wieder gerührt von deiner kreativen Arbeit und der Großzügigkeit, mit der du sie mit anderen teilst. Danke nochmals für deine Geduld, deinen guten Blick und deine Hingabe. Ich hoffe, dass wir bald wieder die Gelegenheit haben, gemeinsam an neuen Projekten zu arbeiten.

Dank an Cédric. Deine Liebe und deine Ermutigung helfen mir täglich bei allen meinen Fragen – und du weißt, wie viele das sind!

Ein riesiges Dankeschön an Sara, Lise, Hiromi und Karine für euren Enthusiasmus, eure wertvolle Hilfe und eure Unterstützung bei all diesen Projekten.

Dank an Juliette, Carmen, Lorraine, Stéphanie, Laura, Nina, Audrey, Jean Pierre, Anne Marie.

Und ich danke meinen geliebten Eltern, die mir so sehr am Herzen liegen. Eure Aufmerksamkeit, euer Wohlwollen und eure Liebe bildeten die Quelle und die Ursprünge dieser Arbeit, da ihr meine Leidenschaft für das Kreative seit jeher gefördert, geteilt und genährt habt.

Originalausgabe unter dem Titel *L'ATELIER DE PAPIER JAPONAIS* erschienen bei:
© Hachette Livre (Marabout), 58, rue Jean-Bleuzen – 92170 Vanves

Autorin: Adeline Klam
Grafische Gestaltung: Muriel Bétrancourt
Layout: Frédéric Voisin

Für die deutsche Ausgabe:
Verantwortlich: Svenja Wiglinghaus
Übersetzung, Lektorat, Korrektorat, Satz und Produktmanagement: Christine Schnappinger, VerlagsService Dietmar Schmitz GmbH
Umschlaggestaltung: Mathias Frisch
Herstellung: Julia Hegele
Repro: LUDWIG:media
Printed in Poland by CGS Printing

Die Deutsche Nationalbibliothek verzeichnet diese Publikation in der Deutschen Nationalbibliografie; detaillierte bibliografische Daten sind im Internet über https://www.dnb.de/ abrufbar.

ISBN 978-3-8388-3908-0